精力管理

ENERGY MANAGEMENT

李梦媛 著

新世界出版社
NEW WORLD PRESS

前言

Preface

你想做点儿什么，比如准备考试，解出难题，完成手头的工作，回复邮件，慢跑三千米，和老板谈谈……可你就是做不到。

你只是焦虑地坐在电脑前，一会儿乱晃鼠标，一会儿捧着手机，从一个软件切换到另一个软件，从一个热搜追到另一个热搜，可紧急的事情和难搞的问题还摆在那里。然后，你从“我今天一定要做”变成了“我今天想做”，再变成了“明天再说吧”。

无力、失控、焦虑的情绪就像吸血鬼一样消耗着你有限的精力，让你的身体和心理都在不知不觉中“生病”了。

你知道当前的生活是个烂摊子，可你又实在没什么办法打破僵局。甚至很多时候，你一天到晚什么都没做，就已经精疲力竭了。

实际上，你现在的生活，一半是对你过去的报答，一半是报应。

当你发现自己越来越焦虑、迷茫，并且容易疲惫，当你意识到自己越来越消极、懒惰，并且容易紧张，说明你的精力出问题了，这可能就是你忙、穷、弱、丧的根源所在。

不是你的天赋太差，也不是你不想努力，而是你把精力耗在了不能产生价值的地方。

比如，当你打算完成某项任务的时候，你要做的就是马上行动，而不是怀疑能力够不够，担心结果值不值；

比如，当你准备换工作的时候，你要操心的就是做好简历、准备面试，而不是焦虑会不会有强大对手，担心会不会有暗箱操作；

比如，当你跟别人交流的时候，你要做的就是将自己的观点表达清楚，而不是想着说服别人，或者改变别人；

再比如，当你和他人共处的时候，你的重点就是弄清自己的责任，尽好自己的义务，而不是把自己想象成救世主，揽下一堆不必要的破事和压力。

管理好你的精力，就是为自己赋能。当你把精力聚焦，你会被自己的才华吓到。

所以，你要学会简化生活，将时间和精力用在“刀刃”上。

你要学会拒绝那些你既不喜欢又不必要的小事情；学会跟糟糕的过去告别，而不是沉湎于已经发生的错误和失败；学会向前看，并随手关上身后的门，而不是让过去的坏情绪影响到今天的你；学会划清与他人的边界，并聚焦于你自己的事情，因为插手太多就是越界，管得太宽就是自找麻烦。

真正的精力管理就是有选择地对这个世界发力，并聚焦在某个部分。你能把一件事情做到极致，胜过平庸地做一百件事。

所以，要想打破职场天花板成功晋升，就必须拥有绝对优势；要想做点大事儿，就必须找到那个发力点深耕细作；要想脱颖而出，你就必须有一样拔尖的本事。如果你不能在某一领域出类拔萃，那么你引人注目的机会微乎其微。

让人自卑的，从来都不是短板太短了，而是因为长板不够长。

这本书将为你提供一套发现并强化自身优势的方法，教你做一个从早上六点就和别人拉开距离的人。它从情绪管理、目标设置、生活习惯等几个方面来介绍如何分配精力、如何提升专注力。

告诉你：为什么要管理精力？如何管理精力？怎样判断手头的事情是否值得付出精力？如何彻底剔除让你分心、影响你专注度的不利因素？怎样区分当下目标和远大目标？如何通过实现当下目标来一步步实现远大目标？怎样轻松应对纷繁复杂的工作？最终实现跳跃式晋升。

你跨越的高墙，会变成你的盾牌；你普通的改变，能改变你的普通。

脱颖而出的道路非常难走，愿你聚精会神，乘风破浪。

目录

Contents

第一章 Chapter 1 做正确的事比正确地做事更重要

第四章 Chapter 4 管理好精力就是为自己赋能

第五章 Chapter 5 把精力聚焦，才会使情绪远离纷乱中心

第六章 Chapter 6 专注不是天赋，而是策略

第一章
Chapter 1

做正确的事比正确地做事更重要

_1

从“不值得定律”中学会取舍

我的朋友小雅是一名办公室文员，虽然每天工作不多，但她还是会无精打采，上班时打瞌睡。原因很简单，她对自己的本职工作缺乏热情，因此经常无法专注于手中的工作。其实她并不是一个无法集中注意力的人，我曾经看过她废寝忘食地制作动画，那时的她无比专注。

我曾和她说，只要她能将她放在制作动画上的精力分一点给工作，她就不会有工作任务无法完成的情况，也不会有随时被炒鱿鱼的风险了。小雅却万分纠结地说她没有办法在工作上专注，因为她在潜意识里认为工作无聊枯燥，不值得她投入精力和注意力，自然也就不值得她去花费太多时间将工作做好，而动画是她的兴趣爱好，是她认为值得做的事情，所以她自然愿意专注于此。

后来，经过慎重考虑小雅辞了职，换了工作，现在的她在动画行业混得风生水起。

从她的这件事上，我意识到只有将专注力放在自己认为值得专注的事情上时，精力效能的转化的作用才能事半功倍。而当将专注力放在自己不认为有价值的事情上时，你的潜意识就会反复提醒你，这件事不值得专注，从而让你越来越抵触去做这件事。

人是一个能量体。你把精力投入在哪里，能量就在哪里，能量在哪里，成绩就在哪里。专注在正事上，你的人生就会健康向上。专注在烂事上，你慢慢就会变成一个烂人，你的人生也会变烂。

《共好》这本书的作者之一肯·布兰佳总是说这样一句话："不值得做的事情，就不值得做好。"这句话曾是我的座右铭，当我在做一件事情时，我会先问问自己，这件事究竟值不值得做，若是不值得就及时悬崖勒马，若是值得就全力以赴。

人的精力是一笔宝贵的财富，你不能将它随随便便地浪费到对自己成长了无助益的事情上，而要让它帮你火力全开去创造美好生活，这样才能显现出它的价值。

因此，当你决定专注于一件事的时候，不妨先问问自己，这件事究竟值不值得你花费精力？

不值得定律从心理学的角度来说，一个人如果干的是一份自认为不值得的事情，往往会持冷嘲热讽、敷衍了事的态度，就算成功了，也不会有太大的成就感。用最直观的表述来说，不值得做的事情，就不值得做好。

当你无法专注于做一件事情时，你可能是在犹豫这件事到底值不值得去做，当发现这件事不值得做之后，你的精力将会分散，你也很难再将事情做好，这就是不值得定律的核心。

当在做不值得的事情时，你的精力会大打折扣，一些负面情绪也会随之涌现。

第一，做不值得的事情时会导致事情拖延。

小雅在完成工作报告时，总是一再拖延。她并不是没有时间去完成，而是只要一打开电脑准备写报告时，就会不自觉地神游天际，等到几个小时之后，面前仍是只有寥寥几字的文档。

有研究指出，拖延症来源于内心的抗拒，在做不值得的事情时内心就会产生抗拒感，也就会一而再再而三地导致事情拖延。

第二，做不值得的事情时易受环境干扰。

当小雅在制作动画时，哪怕是在闹哄哄的咖啡馆，也会全神贯注。但是当她在应付手头的其他工作时，哪怕是在安静的办公室，她也能感觉到周围小到可以忽略不计的噪音，只要手机一闪，她就会迫不及待地去查看。

做不值得的事情时环境的干扰会让内心的焦虑感、外界的噪音在大脑中成倍放大，它会将专注力排挤出你的大脑。最终，别人可以全神贯注，你却被微小的干扰乱了心神。

第三，做不值得的事情时会丧失目标。

做不值得的事情时会导致人没有方向，他不知道自己为什么要这样做，这样做的目的，就像小雅一样，她不知道自己在办公室工作的意义何在，从而丧失了对未来的追求。

那什么是值得的事情？什么需要我们投入精力？每个人都有不同的看法，根据大数据的研究，可以大致分为四种，这四种情况均有大量的案例支撑，以下是这四种情况的具体分析：

第一种，自己认为值得，但是周围环境还没有达到这样的要求，当遇到这种情况时请暂时减少你的专注力。

小雅在换工作之前，父母曾严厉地告诫她，只有在她有足够的资金能够支撑她的生存时，她才可以换工作。因为在换工作之前的一段时间里，她将没有任何生活来源。那段时间的小雅收了心思，没有再沉迷于制作动画，而是认真出色地完成工作，甚至还因此得到了老板的表扬，并拿到了当年的年终奖。直到她攒够了资金后，才向公司提出了辞职申请。

"制作动画"是小雅觉得值得的事，但是环境还没有达到这样的要求（因为没有钱），所以她暂时减少了自己对动画的专注度，选择去努力工作，而这些都是为了以后能够更专注地去"制作动画"这件事。

其实，在日常生活中这样的例子有很多。比如说，“你想要学会游泳，可是年终公司任务繁多，无法抽开身。”“老板让你去负责一个项目，但是你需要一场旅行来放松自己。”学会一门一技之长固然是好事，但是年末工作繁忙，所以这个时候不妨将学游泳的计划推迟到较为宽松的时间段，不要因为它而分散自己的注意力；而旅行固然能使人身心愉悦，但若是因此而失去了一个工作机会，难免会让自己心有不甘，所以不妨在工作完成后，有这样的条件时再实施旅行计划。

学游泳和旅行都是自己认为值得，但是周围环境还不允许（暂时没有时间）的情况，这时就需要暂时减少自己的专注力，不要因此而分心，待到环境合适时再继续未尝不可，最关键的是根据实际情况来做出选择，是进是退并没有泾渭分明的标准，你需要从优打算。

第二种，自己认为值得，而从长远来看也是值得的，当遇到这种情况时请充分调动你的专注力。

马云是个成功的企业家，他创建了全球最大的电商企业网站。而在创建最初，他也曾遭受过别人的嘲讽，他们都说在中国从未有过这样的企业诞生，与其最后失败一穷二白，还不如继续当老师。

马云却认为创建一个电商企业网站是十分值得的事情，从长远来看，这对中国的发展十分有利，所以他义无反顾地投入自己的精力，最终阿里巴巴大获成功的事实证明，他的选择是正确的。

从他的经历中，我们可以看出一件事情，即如果自己认为值得，且从长远来看这件事也是值得做的，那么即使前面困难重重，也要充分调动自己的专注力去努力做。

就像是《当幸福来敲门》中的克里斯·加德纳一样，当上股票经纪人是他认为值得的事，只有当上股票经纪人，他与儿子以后的生活才能有保障，为此他在廉价旅馆、公园、火车站厕所、办公室桌底都专注地学习，最后才获得了成功。

第三种，自己认为不值得，当下的社会环境也觉得不值得，当遇到这种情况时请立即改变你的专注方向。

我的一个同事最近整日无精打采，有一次我看他垂头丧气地从领导办公室出来，一脸萎靡，于是上前问了原因，他犹豫了片刻才回道，他过于沉迷手机上风靡全球的小视频、小游戏，还有一些没有营养的头条新闻，导致工作频频出错，领导忍不住冲他发火，告诫他要收收心。他也知道这样不好，可就是控制不住自己。

不知道你可曾遇到过像他这种情况？你是否也经常犹豫要不要拿起手机，一方面抗拒着沉迷其中，一方面又不由自主，以致时常感觉头昏眼花，疲惫异常，无法再专注其他的事情？

遇到这种让你的身体素质受到损害，正常生活与工作也都受到影响的情况，请立即改变你的专注方向。

第四种，自己认为值得，当下的社会环境也觉得值得，当遇到这种情况时请将它视为专注的焦点。

只有那些符合我们的价值观与奋斗目标以及符合当下社会环境和大众价值观的事情，才是值得我们满怀热情去做的事情。

比如，当你在出色地完成一项工作项目时，你会从中获得付出得到回报的满足感、升职加薪的成就感，因此你会更有动力地去完成你的工作。“这次你的项目完成得不错”“你很出色”等这些来自领导和同事的赞美与欣赏也会激励你不断前进。

人的专注力需要聚焦，集中于一点才能发挥更大功效，专注于最有价值的事情，才能减少专注力的浪费。

专注力是暂缓、继续、停止，还是聚焦，需要根据自己与社会环境来选择，要根据“不值得定律”学会取舍。

_2

剪除任务中多余的枝丫

做一件事情的注意力集中程度，在很大程度上决定了做这件事情的效率和成功的概率。我们以为与别人用同样的时间，做同样的工作，就能与别人有相同的工作成果。殊不知，工作时不同的专注力已经拉开了彼此的距离。

文学家黄庭坚曾说过，“用心欲专不欲杂”。讲的就是做一件事，要把心放在一处，仅专注于这件事。而关注的事情纷繁复杂则会影响做事的效率。杂念越多，放在重要事情上的精力就越少，相比于专心致志投入工作的人，效率自然不同。

我经常遇到这样的情况：当我找到值得做的事情时，却发现精力不能完全集中于这件事情上。比如，当我要写一份报告时，却发现找不到合适的时间，即使找到了合适的时间，也不能将时间物尽其用。有时我会因为手机上突然收到的消息而瞬间分神，忘记脑海中好不容易构思好的内容。

工作的时候经常如此，时间的安排、其他因素的干扰、目标不够明确等，都会打断我的注意力。我的很多朋友也与我有相同的困扰，我们曾在一起讨论过，最后达成了一个共识——只有排除专注力焦点外的干扰，效率才能大大提高。

用一个形象一点的比喻就是，如果你需要修剪一盆盆栽，你首先会将多余的枝丫减掉，留下最值得观赏的部分，再细细打磨这最值得观赏的部分，这“最值得观赏的部分”就是焦点，而“多余的枝丫”就是干扰因素。那么重点就来了，你得知道什么是“多余的枝丫”，如果一不小心将“最值得观赏的部分”剪除，这盆盆栽的价值就会大打折扣。

大部分人都赞同这个准则，影响一盆盆栽美观健康的枝丫是不需要的，也就是说，焦点之外的干扰因素是需要排除的，那这些多余的枝丫究竟是什么？

根据研究表明，干扰因素可以大致分为以下几种：

（1）不合理的时间安排

我的朋友夏宇就经常向我抱怨，在他自己想要完成一个任务时，时间总是不够用。夏宇是自媒体从业者，工作地点随意，工作时间自由，可以说，任何时间他都可以工作，所以我很好奇他为什么会有时间不够用的情况。于是，在我的再三追问下，他不好意思地告诉我，他仗着时间充裕，便“三天打鱼，两天晒网”。

本来可以一上午就写完的文章，他总是花费一天甚至几天的时间，期间的大把时间他都白白浪费在其他事情上。

“三天打鱼，两天晒网”意味着他的心思在开小差，若是无法集中注意力，那么即使有再多的时间也依然不够就可以理解了。当然，若是时间安排不合理，再强大的专注力也会慢慢消失。

我们可以粗略地套用一个公式：专注度 = 任务的完成度 / 任务所花的时间。如果一群人完成相同的任务，任务的完成度越高，任务所花的时间越少，这个人的专注度越高；相反，任务完成度越低，任务所花的时间越多，这个人的专注度越低。

例如，在正常情况下，写一份工作总结只需要一个小时，而你却花了三个小时，那么在这三个小时中，只有一个小时是有效时间，其他时间都是无效时间，所以根据公式可知，你的专注度已经大打折扣。虽然你也将工作完成了，但是你的任务完成度却很低，专注度同样也很低。

（2）环境干扰

环境干扰分为内在环境干扰和外在环境干扰。

内在环境干扰通常指的是内心的烦闷焦虑，以及长时间工作下精神无法集中，总是胡思乱想，对自己做不到信任等。

大部分人都深有体会，当你安静地坐在一个地方时，内心可能会开始循环播放一首歌、一部电影，大脑不断地滚动着以前的记忆，此时你根本无法静下心来处理一些事情。

外在环境干扰通常指噪声干扰，周围出现的其他吸引人的事物，如美食、电子产品等，以及父母师长的态度、朋友的态度都会给你带来不小的影响。

当你准备专心致志地去读一本书、编写一套程序或做汇总报告时，你的朋友突然打电话约你去看一场电影，或是邻居家装修，你的注意力通常就是这样被毫无预兆地打断的，这时候你应该何去何从？

就拿钢琴家郎朗举例，他曾就读于美国柯蒂斯音乐学院，也是著名钢琴家格拉夫曼的学生，在钢琴上的成绩斐然。他弹钢琴时经常会进入忘我的境界，据他回忆，他小时候弹钢琴时并没有太适合的环境，楼上楼下经常会有一些不可避免的噪声，可是郎朗却说，在他弹钢琴时，他的眼中只有钢琴，那些内在干扰和外在干扰都被他屏蔽了。

畅销书《跃迁》的作者古典说：“上天给了你无限的机会，却只给你有限的时间、精力和才华，所以越是优秀，越要专注。”试想，如果郎朗轻易被环境干扰，他还会成为这样一个优秀的钢琴家吗？

环境干扰是专注力的“拦路虎”，只有排除环境干扰，专注力才能更好聚焦。

（3）缺乏目标

目标相当于指路牌，具有方向性，缺乏目标就会丧失对前方的认知。目标分为远大目标和当下目标。远大目标可能是对自己整个人生的规划，长则一生，短则几年，而当下目标即是马上要去做的事情。

美国专栏作家威廉·科贝特曾说过，我们的目光不可能一下子投入数十年之后，我们的手也不可能一下子就触摸到数十年之后的那个目标。

他年轻时一心想要创作出鸿篇巨制，可是一直没有成果，他的朋友在了解到他的苦恼之后，对他提议道："晚上一起走路去朋友家。"可威廉·科贝特不愿意前往，因为朋友家很远。朋友见他退缩，便说道："我们只需要向前走走就可以了。"结果二人走到了前面的图书馆，又边聊边走到了射箭馆，最后竟然走到了朋友家里。

威廉·科贝特恍然大悟，只要将到朋友家的路程拆分成从起点到图书馆，再到射箭馆，再从射箭馆到朋友家，就会清晰明了很多，只有有了当下的目标，远大目标才会触手可及。

我们知道，登山运动员想要攀上顶峰，必定要从山脚下开始，山顶是运动员的远大目标，从山脚到山顶这一条路的每一步路都是当下目标，也就是说，若不稳稳当当地走好每一步，山顶就是遥不可及的远端。

_3

当你把精力聚焦，你会被自己的才华吓到

多数人不是因为他们的能力不够而失败。他们失败是因为把能力分散到太多的方向上。而偏执狂一般聚焦在一个目标上，这可能是能够成功的唯一策略。当你能够在一个目标上聚焦，而且是持久聚焦时，你的成就将会达到它们的理论上限。

既然知道了什么是多余的枝丫，要想打造一盆精美的盆栽，接下来我们就得了解如何修剪，每个人排除干扰的方法都不同，这一节将阐述几种被广泛认可的方法。

（1）合理的时间安排

首先，你要能正确评估自己的能力。

我曾在一场心理咨询课上听到这样一个案例。一个人对心理老

师说他很焦虑，其焦虑的来源是他明明按照成功人士的作息时间重新调整了自己的时间表，可不知为何他的生活却变得越来越混乱。

原来，他在看到新闻报道的成功人士的作息时间表时，自己也跃跃欲试，早上6点起床，7点跑步，8点开始工作……晚上10点睡觉，一天看完一本书，一周学会一项技能，一个月变成某某小能手。计划十分美好，但是现实却不尽如人意。最后他哭丧着脸说，他实在坚持不下来了。

而心理老师却笑着和他说："哪怕我一天可以完成很多事情，但那些成功人士的时间表，我也是坚持不下来的，因为这超出了我的能力范围。我没办法每天6点起床，也没办法一小时写完一份报告，而且若是有一天的计划完成不了，弊端就会开始显现，未完成的事情就会像雪球一般越滚越大，直到最后功亏一篑。"

其实，那个人之所以会出现压力越来越大的情况，就是因为他没能正确预估自己的能力。正常情况下，他在策划一项方案时需要三天，但是他却在计划上写一天完成，那么结果可想而知，在规定的时间内，他是无法完成任务的，所以，这个计划就没有存在的必要了。

后来，心理老师告诉他，当他准备去做一件事时，首先要了解和评估自己的能力。如果他不适应早起，反而在夜晚时工作效率较高，那就根据自己的实际情况适当调整作息时间和工作时间。后来，他虽然在写方案时没有像以前一样，强迫自己在一天内完成，却在自己的能力范围内将工作完成得更好。虽然看似时间变长了，但是效率却提高了。

如果你不知道自己的能力究竟如何，不妨循序渐进，从最基础做起，再不断加深难度，最后到达自己的极限，再斟酌是否突破极限。

其次，给自己的计划一点缓冲时间。

人是一种生物，不是一连串复杂的程序，不可能每时每秒都严苛地按照计划进行，时间安排得越精密，一旦失控，人产生的逆反心理就会越严重。当然，这并不是意味着你可以随心所欲，不遵守制订的计划，而是应该适当放宽，给自己一点缓冲的时间。

原先的我经常抱怨："这时间安排太紧凑了，我都快要喘不过气了。""这个小任务完成了，可是还有一些复杂的任务要完成，我得继续。"紧接着任务一个接一个来，永远也没有尽头，我拖着疲惫的身体奔向下一个目的地，从而越来越累，专注力不断下降。

直到最后身体实在承受不住负荷，我才停下脚步，并开始反问自己，这样高强度地完成任务，究竟有效果吗？

研究证明，在高频率、高强度的用脑后，不给大脑一定的休息时间，大脑就会不堪负荷，完成任务的效率也会大大降低。这种情况下，我们最好适当地停下自己的脚步，让身体适当放松一下。

一天是一个循环，一周是一个循环，一月是一个循环，一年也是一个循环，在完成一天、一周、一月、一年的计划后，给自己安排一段没有任务的时间，你可以选择做任何自己想做的事情，以此当作对自己的奖励。

最后，完成一项任务后再继续另一项任务。

大多数案例表明人的精力是有限的，人脑无法多层次地处理多项具有难度的任务。即使可以，效率也会大打折扣，就像你没有办法一边写工作报告，一边翻译文案一样，当然你可以一边看电影，一边吃爆米花（这不属于高难度任务）。人的大脑无法同时高效地处理复杂的视觉、听觉、语言等信息，如果囫囵吞枣地处理多项任务，还不如尽量单个击破，这样专注力聚焦于一点，完成度说不定会更高。

任务一旦超出人脑的极限，就如装满水的杯子，再往里面倒水，水就只能溢出来了。

首先你要根据前文的“不值得定律”选择最重要的事，再根据重要程度依次排列，这将是你完成任务的顺序，就像排队一样，整齐划一的队伍比一哄而上的效率高得多。

（2）排除外在干扰和内在干扰

想要排除外在干扰，你最好选择一个合适的工作学习环境。一个安静的图书馆或者办公室的干扰因素自然比嘈杂的工厂少，一个干净整洁的办公桌的干扰因素也比堆满了杂物与电子产品的办公桌少。当你周围都是嘈杂的声音，手机、电脑不断跳出通知时，你根本无法做到专心致志，最好的方法就是远离这些干扰源，如果无法远离，就只能选择无视。

但是无视需要很强的自控力，一般人都避免不了被干扰，所以我们可以选择降低干扰因素的干扰力。

我们之所以会被干扰，大部分人是由以下的原因导致的：一是来自无法改变的外界环境，例如嘈杂的街道、商场、工地，这些干扰因素我们无法改变，只能远离；二是干扰因素的吸引力太强，例如精彩绝伦的动画片、高潮连连的电影、让人难以自拔的游戏，这些干扰因素不断地吸引我们的注意力，让我们一步一步沉迷其中。

此刻我们要做的是使目标的吸引力大于外在干扰的干扰力。

怎样提高目标的吸引力？

我的老板曾跟我说过他创业的故事，那时他很穷，只有手上的一批物资和一台电脑，为了创业，他真真正正地做到了废寝忘食。他告诉我，他当时专注得看不见除了工作外的其他东西，而维持这种专注则靠了一种方法，他为它起名叫“假想得失法”，这方法主要分两步：

第一步，在心中设想完成目标可以带来的成就。比如，他想如果他创业成功，他将获得无与伦比的成就感以及资金和人脉的回报，更重要的是，他会有资金让自己的孩子在更优秀的学校读书，让自己的父母老有所养。

第二步，在心中假设未完成目标带来的后果。如果他创业失败，他将懊悔至极，周围人若有若无的轻视，金钱地位的丧失，父母妻儿的供养问题，这些后果都很严重，是他无法承受的，为了避免这种后果，所以他会竭尽全力地去完成目标。

设想这两步之后，目标的吸引力就会大幅度上升。

内在干扰就是当我们试图专心完成一件事时，大脑却无法集中精力，内心时常产生一种焦虑感，而产生焦虑感后大脑就会不断地转移注意力，久而久之，专注力就会消耗殆尽。

这种内在干扰从何而来？我们又应该如何应对？

① 身体素质不足

当你时常感到身体疲惫，大脑无法正常运转时，那是你的身体正在给你发送信号，告诫你消耗太多，补充不足，一些在事业上做出卓越成绩的人都认为成功最首要的一步是关心自己的身体。

被青年人奉为导师的“创新工场”创始人李开复曾饱受淋巴癌的困扰，他因为作息时间不规律，长期熬夜以及压力过大，导致身体状况一落千丈，那时的他别提工作了，就连普普通通地看书也做不到专注。

身体是革命的本钱，若是身体素质太差，大脑根本无法充分发挥自己的作用。

通常我们不会到那么严重的地步，但是内心烦躁可以说是经常发生的，想要调整这种状况，可以试一试深浅呼吸法，来暂时控制自己的情绪。

第一步，深吸一口气，再用两至三倍的时间将它呼出去；

第二步，正常呼吸；

第三步，深呼吸与正常呼吸交替进行，直到内心渐渐平静下来。

若是这一方法对你有帮助，你就可以多用它来调节自己的情绪。

② 获得的正反馈与负反馈

正反馈代表你完成一项任务后所带来的心理满足感以及其他的肯定，而负反馈就是你未完成任务后内心的焦虑感以及其他挫败感。当正反馈大于负反馈时，你就会有继续这项任务的勇气，而当负反馈大于正反馈时，挫折与失败就像是一座大山摆在你的面前，阻碍你前进的步伐。

此时我们就应该学会心理调整，认清在完成任务的过程中遇到困难是不可避免的，所需要的就是将自己的思绪拉回正轨。

我们在获得的正反馈大于负反馈时，才有行动的欲望。在这个过程中，你可能会出现多次思绪无目标的游荡，通常上一秒你的思维还停留在任务上，下一秒它就跳脱到电影或音乐上，可能你自己也不知道这种情况会出现多少次。在这里告诉你一个被实验验证的小窍门，能帮助你尽量减少负反馈，你所需要的就是一支笔，一个本子。

第一步，每发呆一次就在本子上写一个“正”字的一笔；

第二步，每当写完一笔后，就将思绪拉回到自己手头上的事上；

第三步，每天坚持，直到本子上的“正”字变得越来越少。

③ 找到当下目标和远大目标

首先找到你的远大目标，再使用“逆推法”往前一步一步制定当下目标。

逆推法根据已知或者假设的关联性规则，和包含这个规则的至少一个规则，由于其他断言在观测和规则二者中的同时出现，关联性规则的另一个断言就推广到观察中。

这个定义太过于复杂，简单来说，就是由结果推断过程，比如我想在工作上有所成就，那怎样才能在工作上有所成就？我想工作能力比同事强，那怎样才能强？我想掌握并熟练工作内容，在项目上更有创意和耐力等，那就要再依次往前推，最后到工作中的每一个细节。

你可以拿最近的一个目标试一试逆推法，在这个过程中，你的思维会越来越清晰。

_4

帕累托法则分配积极关注与消极关注

莫雨从事销售工作很长时间了，可他在业务能力上却平平无奇，这并不是因为他偷懒，相反他每日的大部分时间都在为销量而奔波，这不上不下的尴尬局面让他十分苦恼。他自认为已经付出了很多时间和精力，一直专注于工作，为什么还是不尽如人意？这种状态持续了很久，直到新来的一位上司提点了他。

上司认为，莫雨专注于工作不假，但他的专注力却处于一个非常平均的水准，这样的做法不是十分恰当。许多销售高手认为，对待不同的客户以及对应的不同的产品需求，专注力的水平也需有高有低，就好比你握着一把刀，切菜与切肉的力度应该截然不同，更贴切一点的比喻就是切菜不能用砍柴刀，砍柴也不能用菜刀一样，如果两者共用一把刀，那么切菜与砍柴的效率都会大大降低。

莫雨的上司告诉莫雨一个经常被销售高手采用的法则——帕累

托法则，简称二八定律。这个法则适用于很多场合，将帕累托法则用于销售的要点就是如何用最少的付出换取最大的利益。而最重要的一点就是如何合理分配精力。

在面对不同需求的客户时，是应该将自己的专注力降低到平均水准之下来节省精力，还是提高到平均水准之上来攻克难关？这需要根据实际来选择。

帕累托法则是分配时间、精力、金钱的一种有效方案，不仅适用于个人的销售时精力的分配，还能应用于生活的方方面面，下面说的是帕累托法则与专注力之间的联系。

首先，让我们来了解一下什么是帕累托法则。

帕累托法则是19世纪末到20世纪初的意大利经济学家帕累托通过研究19世纪英国人对待财富的不同掌握程度，以及他们获得的收益发现的法则。

帕累托通过数据发现，任何一组东西，只有20%是重要的，剩下的80%是次要的。只要将重要的20%做好，那么就能控制全局，即约20%产生重大的影响，是“关键因子”；约80%产生的影响较小，是“次要因子”。

帕累托原则中的二八分配并不是那么精确，可是核心却没有改变，就是将注意力集中在最重要的20%上，由此来获得最大的回报。

莫雨最后接受了上司的建议，他阅读了一些关于帕累托原则的书籍与实例，最后总结出自己最大的问题——专注力分配不当。

根据帕累托法则，增加销售额有一个较为高效的途径。

首先，一些销售人员根据不同顾客购买产品的数量与频率将顾客分为经常使用的人、不常使用的人、偶尔使用的人、从来不使用的人。其中经常使用的人只占总量的 20%，剩下三项约为 80%。

其次，根据以往的数据来看，这 20% 顾客的购买量约占总销售量的绝大多数，而剩下 80% 的顾客只贡献出少量的销售额，那么这四类客户就可以分为有较强烈购物欲望的顾客、有轻微购物欲望的顾客、购物欲望可有可无的顾客、无购物欲望的顾客。

最后，销售人员应该将重点放在占 20% 的经常使用者上，这样带来的效益会更高；相反，如果将重点放在那 80% 上或者分一部分心思放在无法带来盈利额的顾客上，那么得到的收获也会大大减少。

莫雨最终将专注力放在了那 20% 的客户上，他没有追求一碗水端平，这不仅轻松了许多，在几个月后他的销售业绩也渐渐提高。

莫雨对专注力的不合理分配导致工作效率达不到预期，这种情况不仅会出现在个人身上，企业也经常会出现这些问题。

比如说，一些公司开发出来的 APP 有几十个界面，甚至有些可能高达上百个界面，可是通常用户不会每次都打开所有的界面，这些 APP 中只有数十个界面经常被用户浏览，这数十个界面就是帕累托法则中关键的 20%。

更新所有的界面需要消耗大量的人力物力，最初公司将专注力投放到所有的界面上，这样更新后的界面处于一个非常平均的水平，然而对大多数界面用户通常只会简略浏览一番，如果经常停留的页面的水准没有大幅度的提升，这个APP的竞争力就会下降。

网易云音乐就是一个较为成功的例子，他们更新版本时几乎重新设计了用户页面，但他们更新的重点只放在了那些比较重要、用户浏览率最高的界面上。他们花费最多的财力物力来重点打造这些界面，而对那些无关紧要的页面，只是做了局部的改动，并没有消耗太多的时间。

网易云对不同页面更新投入了不同的精力，让它最终的更新大获成功，不仅在风格上更适合时代潮流，而且是用最小的付出获得了最大的收益。

美国物理学家约瑟夫·福特曾经说过：上帝在和整个宇宙玩骰子，但是这些骰子是被动了手脚的。这些动了手脚的骰子呈现出不同的分布规律，帕累托法则就是针对各种数据规律推测出的规则，这规则不仅在企业管理、营销策略上有适用性，对个人也有一定的借鉴意义。

针对精力管理来说，我们的专注对象中只有20%的关键因子是我们应该重点关注的，而那80%的次要因子不是我们首要关注对象，对待不同因子产生的不同的关注强度可以分为两大类——“积极关注”和“消极关注”。

积极关注：投入自己最强的专注力，运用最大的能力来做好一件事，此时的专注力应该处于一个峰值的水平，适用于“关键因子”。

法国作家莫泊桑和福楼拜之间曾有过一段对话，当时年轻的莫泊桑被引荐给福楼拜时略有不服，他对福楼拜说自己什么都会。

福楼拜问他每天都做些什么，莫泊桑扬扬得意地说，他每天上午花两个小时读书写作，花两个小时弹琴，下午学习修理汽车，甚至还会学踢足球和烹饪。福楼拜却说自己每天上午下午都在读书写作，并反问莫泊桑有没有什么最擅长的东西，莫泊桑无法回答，福楼拜却说，自己擅长写作，于是每天只专注于写作，而梦想成为著名作家的莫泊桑却将专注力放在无关紧要的东西上面，这将让他难有大的成就。

醍醐灌顶的莫泊桑最终拜福楼拜为师，从此只专注于写作，最终成为一代大师。

写作对于莫泊桑来说就是“关键因子”，而“积极关注”的重点是针对“关键因子”，由蝴蝶效应来看，一个微小的误差会带来无法预料的后果，当然，“关键因子”发挥了最好的效果，对以后的人生也会产生重大的影响。巴菲特曾说过：“只专注于一件事，花点时间将事情做到极致，这是许多人成功的奥秘。”专注于最关键的部分，当关键的部分做到极致之后，成功就已经触手可及。

消极关注：面对“次要因子”时，合理降低自己的关注度，不要被不重要的事情分散掉自己的精力，此时的专注度应该处于低谷。

《孟子·告子上》中的《学弈》提到过弈秋的故事，他是围棋高手，曾经教导过两个人下棋。其中一人全神贯注在下棋上，另一个人的心思却经常被其他事情分散，他总是想要拿弓箭去射天鹅，最终两个人虽然在一起学习，差距却越来越大。

学习下棋是“关键因子”，而射天鹅是“次要因子”，在面对次要因子时，如果投入太多的专注力，那么正事就会被耽搁。

著名作家阿兰·德波顿曾说：“人类近来对于信息前所未有的获取，是以我们的专注力为代价的。”在互联网高速发展的今天，我们的精力被手机、电脑、电视大大分散，尤其是在工作时，微信朋友圈的更新，淘宝的物品推荐，各类新闻推送，这些本应该需要“消极关注”的“次要因子”却被我们错误地投入了过多的精力。

这些被分散的精力无法收回，最后不仅影响了工作，而且还影响了日常生活。

所以，在不同的情况下应该运用不同水平的专注力，“积极关注”与“消极关注”的正确运用才是我们有效工作的核心。

_5

有选择的努力，才不会越忙越穷

在面对“关键因子”时，究竟怎样才能做到“积极关注”？在面对“次要因子”时，又如何做才能合理地做到“消极关注”？

积极关注是一种强度较高的专注，在这种强度的专注力下，做事情的效率会大幅提升，但是人的大脑一旦处于高频率、高效率的专注时，就非常容易产生一种懈怠的情绪，甚至会厌恶自己要做的事情，这时精力便无法维持在一个较高的水平，遇到这种情况，我们该何去何从？我们应该采取什么手段来维持这份专注度呢？

据研究表明，缺乏积极关注最重要的原因是太过急功近利，做事情无法一步一个脚印。

其实所谓天才，首先是专注力要超越常人。没有好的专注力，就没有过人的思维能力。有些人整日忙忙碌碌，努力地学习和生活，但是真正做到专注的时间非常少。这只是一种自欺欺人的努力。只有当你在专注的时候，你的努力才是最有效的。因为在这个时候，努力所带来的“复利”会随着时间的流逝逐渐增值。

京剧大师梅兰芳就是一个很好的正面例子。他是一个德艺双馨的艺术家，在中国影响力巨大，但是小时候的他天资却不够聪颖。梅兰芳幼时拜师学艺时总是记不住戏词，当别的学徒都能够登台表演时，他却只能站在台下。但是他有一个最大的优点，就是从未想过一口气吃成一个胖子，反而每天坚持练习京剧，从未间断。

早晨练习走台步时，别人都是刚开始专心致志，最后因为千篇一律的台步太过无聊，一时半会儿看不到效果，都慢慢地无法做到专心，而梅兰芳却恰恰相反，他日复一日地练习走台步，从未懈怠，最终台步稳健，远远超过同龄人，终于学有所成。

“我是一个笨拙的学艺者，没有充分的天才，全凭苦学，我不知道取巧，也不会抄近路。”这是梅兰芳对自己的评价。通常无法维持积极专注度的人，大多都想早点完成目标，期待走捷径，过于急功近利的态度扰乱了他们的心神，最终导致无法走远。

我曾经看过这样一条新闻，一个刚刚升职的总经理仅仅在半年之后就被炒了鱿鱼，这个新闻引发了大家的好奇，按理说一个因为工作卓越而升职的总经理怎么会在短短半年就丢掉了工作，这期间到底发生了什么？新闻最后给出了答案，这个经理在升职之后急于表现自己，半年来更改了多次营业方案，更是经常辞退新招的员工，最后破坏了部门的稳定，导致公司盈利出现了问题。

这种情况比较极端，但是因为急功近利导致的“消极关注”缺失却十分常见，一些职场人士或多或少都曾出现过这样的问题，因为内心无比迫切地想要达成目标，最后反而得不偿失。

我们应该如何避免这样的错误重现？下面介绍两个颇受推崇的方法。

第一，使目标可视化，用成就来预估具体目标的完成度。

小敏是个成功的插画家，曾在多本著名刊物、广告媒体上刊发过自己的作品，凭着擅长创意的人设和踏实谨慎的工作态度赢得了行业内外的夸赞，可是有段时间她却非常苦恼，原因便是她无法专注于手头上的任务，总是想画出风靡全球的作品，因此导致手头的任务迟迟无法完成。

她的一个心理医生朋友告诉她，她无法专注的原因是无法找到自己的位置，简单来说就是不知道自己现在的水平到目标水平之间的差距，这一段差距是长是短，需要几个月还是几年才能完成。小敏没有具体的打算，只是一门心思想要立即完成目标，用一句成语概括，就是“急功近利”这四个字。

小敏最后接受了朋友的建议，首先估计了自己的水平到目标水平的差距，其次将这段差距分为几大段，每一段都用成就来评判是否到达终点，比如第一段的终点是在某大型杂志上发表自己的作品，第二段的终点是在全国范围内的广告上有自己的一席之地，以此类推，最后一段的终点是画出一幅风靡全球的作品，她将目标制作成一张表格，以此经常督促自己。

小敏现在在一步一步地朝着终点迈进。这个方法很适用，把想达成的目标可视化，可以避免自己不知所措的茫然，而一段段的成绩能让自己感觉正在朝着目标走去，从而避免了因为对目标的毫无头绪导致的急功近利。

当然，成就的外在形式多种多样，比如说，工作时获得了更多的奖金，完成项目花费的时间减少等，这些都可以成为一段距离的终点。

第二，积极关注应该持积极的态度，接受积极的反馈。

当面对关键因子时，高强度的积极关注会使目标完成度大幅度提升，这时候我们会收到很多反馈，其中包括积极反馈与消极反馈。

据大量研究表明，一些让人身体愉悦的消息会使人的大脑处于一种类似电脑刚开机的状态，这时提高专注力比平时更为迅速。比如，当你在考与工作相关的资格证时，“你的模拟考成绩提高了”“你掌握的东西更多了”这些积极反馈会激励你向前。

而“你努力了这么久也没有太大的进步”“某某早就考过了，你还没考”这些消极反馈仿佛是一个紧绷的弦，在大脑高强度的积极关注下很容易崩断，如果被消极反馈占据了思维，你的积极关注很快就会消失殆尽。

消极关注是一种专注力处于强度较低水平的专注，通常处于这种关注下，大脑的活跃程度也会降低。通俗来说，消极关注是另一种意义上的休闲放松，适用于一些不太重要但不得不做的事情，不过在这种情况下容易出现一种情况，即你的专注度随着时间的推移渐渐下降到极低的水平，甚至近似于没有专注度。

从一些研究的数据来看，在事情的刺激度处于一个较低频率时，专注度会大幅降低。意思就是，如果你持续做一项没有挑战的事情，你会觉得没有意义，提不起力气来完成，这样你的注意力便会不自觉地分散。

比如一周的工作结束后，部门会聚在一起开一个总结会，这种会议在大部分时候都是千篇一律没有新意的，但却是你不得不参加的。我们无法拒绝参加会议，也不能太过随意地对待，但不可否认的是，我们很难全程以高专注力水平参加会议，那我们在面对这些“次要因子”时，又该如何分配自己的注意力呢?

以东汉名臣陈蕃为例，他是东汉时期一个胸怀大志，发誓“以扫天下为己任”的读书人。陈蕃年少时曾遇到过这样一件事，当时他一门心思放在读书上面，对杂事一概不理，自己独居的院内杂草丛生，秽物遍地，他父亲的老朋友薛勤就问他为什么不打扫一下屋子用来招待宾客呢?

陈蕃道，大丈夫处理事情应当以扫除天下的祸患这件大事为己任，为什么要在意一间房子呢?薛勤反问道，一屋不扫，何以扫天下?陈蕃听后羞愧不已，对待杂事也不再用漠不关己的态度，身边小事也没有忽略，最终他成为一代名臣。

对于陈蕃来说，扫除天下的祸端这件大事是“关键因子”，打扫屋子等小事是“次要因子”，起初他忽视了“次要因子”，不仅受到了他人的嘲讽，学术上也没有太大的突破，自己也落得个憨傻的名声，直到后来对“次要因子”投入了注意力，这种情况才逐渐改善。

因此，纵使次要因子只产生较小的影响也不能忽视，当我们面对次要因子没有干劲、提不起精神努力的时候，最好的方法是利用危机感，借此激励自己集中注意力。

不知你是否听说过这样一个故事：早些时候，降落伞的开伞率非常低，这就意味着跳伞的士兵中有很大一部分人还未落地集合就丧命了，这种情况是军方无法忍受的。于是他们找到了负责生产降落伞的厂家，一番劝说指导之下，厂家仍是只给出了 99%的合格率，这比之前已经好上太多，但军方仍然不满足，他们想到了一个主意，最终将开伞率提升到了 100%。

主意非常巧妙，军方的人告诉厂家，在交货时，会从中随机挑选一个降落伞来让厂家老板去跳，从那以后就再也没有出现过降落伞打不开的情况了。

这是利用危机感最得当的例子，在现实生活中，我们也可以利用危急来临的恐惧来激励自己集中注意力，只有这样我们才能最大限度地提高专注度。

因此，做事脚踏实地，不妄想一步登天，充分利用自己的危机感与积极反馈，这些才是正确分配消极关注与积极关注的关键。

精力管理 硬核指南

● 做一件事情的注意力集中程度，在很大程度上决定了做这件事情的效率和成功的概率。工作时不同的专注力已经拉开了彼此的距离。

…

● 多数人不是因为他们的能力不够而挫败。他们失败是因为把能力分散到太多的方向上。当你能够在一个目标上聚焦，而且是持久聚焦时，你的成就将会达到它们的理论上限。

…

● 如果你不知道自己的能力究竟如何，不妨循序渐进，从最基础做起，再不断加深难度，最后到达自己的极限，再斟酌是否突破极限。

…

● 我们的专注对象中只有 20% 的关键因子是我们应该重点关注的，而那 80% 的次要因子不是我们首要关注对象。

…

● 纵使次要因子只产生较小的影响也不能忽视，当我们面对次要因子没有干劲、提不起精神努力的时候，最好的方法是利用危机感，借此激励自己集中注意力。

第二章 Chapter 2

你普通的改变，能改变你的普通

_1

正确评估你的能力，为自己打分

在“排除干扰的方法”这一节中，我们曾经提到过应该正确评估自己的能力，而怎样正确评估自己的能力，这需要更为详细的叙述。这一节我们将重点阐述如何正确评估自己的能力，为自己打分。

在心理咨询中，心理医生有时会让咨询者画一张自画像，咨询者不需要有任何绘画基础，只要根据内心真实的想法来画出自己即可，你可以是一条鱼，也可以是一个白发苍苍的老人，甚至可以是一座桥。

“画自画像”是一个不断探寻自己，不断分析自己，不断体会自己情绪的过程，期间没有人干涉你的创作，这段时间你会对自己有一个更深的认识，有时甚至还会发现连自己以前也不曾意识到的问题，心理学上称其为“自我觉察”。

自我觉察是指个人知道、了解、反省自己在情绪、行为、想法、人际关系及个人特质等方面的状况、变化及发生的原因。

自我觉察即正确认识自己，这是我们行动的第一步。在追求目标的过程中，意识到自己的能力究竟处在一个什么样的水平，这对制订合理的计划是至关重要的。我们可以根据自身状况预估专注力水平的极限值，从而安全地调控专注力水平的高低。

那如何进行自我觉察呢？根据心理学提供的案例，有四个要点值得注意：

第一，一般人评估自己的水平总是高于实际水平。

巨人集团的董事长史玉柱就曾经公开承认过自己的错误。他曾说，一个集团和企业最难认清的就是自己，特别是在取得一定成就之后。他在企业初步盈利的时候，以推广电脑、保健品、药品为目的，打响了“三大战役”。史玉柱的公司当时没有太多的财力物力，可是他仍旧在广告上投入了大量的资金，但当时产品还没有投入生产，广告自然没有达到它的效果，广告费自然被白白浪费了，这对当时的公司着实产生了不小的打击。

高估自己是非常普遍的现象，大部分职场人都认为自己应该拥有更高的职位才更符合自己的能力。

其实，这是一种普遍的心理学现象，被称为“达克效应”，它是一种认知偏差现象，指的是能力欠缺的人在自己欠考虑的决定的基础上得出错误的结论，通常情况下，这些人无法认识到自己的不足，也无法辨别错误的行为，更是经常性地高估自己的能力。

第二，情绪影响能力的效果十分明显。

我的朋友李觅工作能力十分出众，对每一项任务总是能出色完成（当然这是在他一个人的时候），因为他并不擅长在众人面前展露自己的想法，这会让他压力巨大，在演示台上他总是十分紧张。他越告诫自己不能紧张，实际效果越是相反，这使李觅的能力总是不能展现在众人的面前，公司的领导对他的印象也不深。

当人类受到刺激时（包括压力、恐惧、兴奋），体内的肾上腺素会大幅度提高，血压会升高，心率会增快，反应会变得敏锐，能力自然会大大加强，但是当刺激没有衰退的迹象时，我们的机体最终将因为无法承受负荷，而变得疲惫不堪，警觉性降低，能力也会不断下降。

适度的刺激能够激发能力，但是刺激过度就适得其反了。

第三，固定僵化的行为模式与思想状态不利于能力提升。

思想行为僵化的人通常都不能做出自己的判断，正常的大脑有处理分辨信息的能力，在他们的世界里，大脑的作用已经简化了，它只能根据自己一套固定的模式来运行，不会出现一丝一毫的创意，也不能识别超出自己认知的骗局。

不会变通是能力提升的拦路虎，故步自封是很多个人和企业退步的罪魁祸首。

曾经的手机巨头诺基亚就是因为无法与时俱进从而退出了历史舞台。早期，诺基亚的智能手机已经有了一定的优势，它是最早配置触摸屏的手机，而当时苹果的技术还没有太多突破性的进展，可是后期苹果却超过了诺基亚，因为它的手机触摸屏技术有了很大的进展。

诺基亚不肯放弃之前安稳的生产方式，不愿引进新的设备来更新最初的智能手机生产线，终被时代淘汰。

诺基亚的 CEO 曾说：“我们并没有做错什么，可是我们输了。”诺基亚的确没有做错什么，但是固守舒适区，不肯放弃僵化的运营模式，就已经种下了失败的种子。

第四，环境对个人能力的影响应一分为二看待。

在王肃的《孔子家语·六本》（卷四）中记载过这样一个故事：孔子说，他死后，子夏会比之前进步，而子贡会比之前退步。曾子不解。孔子解释道，子夏喜欢和比自己贤明的人在一起，而子贡却喜欢和不如自己的人相处。孔子又说：“与善人居，如入芝兰之室，久而不闻其香，即与之化矣。与不善人居，如入鲍鱼之肆，久而不闻其臭，亦与之化矣。”

常和品行高尚的人在一起就像是“入芝兰之室”，自身也会沾染香气，而与品行低劣的人在一起就像是“入鲍鱼之肆”，自己也闻不到臭了。

大量研究证明，环境对个人有很大的影响，这种影响从幼年开始一直持续一生。当个人意志不坚定时，环境中的消极因子将乘虚而入；当个人意志足够坚定时，自己也能够影响环境。知名的科学家、顽强的战士，还有以身作则的领导者，都可以发挥出榜样的力量，带动别人进步，而一些堕落的人却容易将别人带入深渊。

个人能力处于一个波动的水平，这四个干扰因子会影响能力评估的准确性，让能力评测的波动值处于一种忽上忽下的状态。若想准确地认识自己的能力，应该先避免这四个因子的影响，之后才可以进行自我能力的评估。

学会观察自己、认识自己的第一步，就是先知道自己是什么样的人，由外向内观察自己，不断反省自己，探索自己，才能更好地了解自己。

（1）觉察自己“固定”的行为模式。

理论家对行为模式的定义是人们有动机、有目标、有特点的日常活动结构、内容以及有规律的行为系列。它是行为内容、方式的定型化，是人生价值的“外化”，表现了人们的行动特点和行为逻辑。简单来说，这就是你平常的行为举止、为人处世的方式，以及面对不同事件的处理方式。

行为模式易受环境的影响，我们所要探寻的“固定”的行为模式是一种核心的行为模式，它在大多数情况下都适用（突发情况除外），这种行为模式代表了你完成任务的最低效率，额外的爆发力会使最低效率提高（这种状态不可测）。

行为模式多种多样，我们可以简单地从一些生活上的小事来初步探索自己，你可以找一个空闲的时候在心里与自己对话。

① 路上遇到亲密的人、熟悉的人、仅仅认识的人，你分别是如何打招呼的？

② 在接到一个任务时，你会选择立刻行动还是先抱怨一下再不情不愿地执行，或者是拖到最后一刻？

③ 你喜欢安静的氛围还是人多的环境？

④ 自己与同龄人、工作伙伴、朋友之间有什么不同？有什么差距或者有什么优势？

这些仅仅是几条意见，你还可以通过不断地反问自己，在与自己对话的过程中更加了解自己。在反问结束后，最好将答案记在纸上以免忘记，同时还可以用来与以后的改变进行对比。

（2）试着尝试和发掘不同的兴趣爱好，发现自己的潜能。

每年在马拉松比赛中都会出现不少业余选手取得优异成绩的情况，他们有些已经是年过半百，还有一些是近几年才开始跑步的，要是告诉几年前的他们，“你会跑完马拉松还会获得不错的名次”，估计没有人相信。

或许是一次机缘巧合，他们开始了跑步，开启了自己的潜能，从此以后多了一项终身的热爱。

美国的心理学家詹姆斯曾说过，“我们现在仅仅只运用了智力和身体的一部分”，人体中蕴藏的潜能，是远远超过我们的估计的，但是它通常隐藏至深，若是没有加以发掘，可能一辈子都不能发觉它的存在。

所以，多尝试，多去接触不同的兴趣爱好，或许会发现别样的惊喜。

最后，接受朋友、长辈、同事的分析，多方面认识自己。从他人口中了解自己，可以发现一些自己根本不知道的特点，从而在心中给自己树立起一个较为立体的形象，避免因个人局限导致的认知片面化。

但是，接受他人分析也有需要注意的地方，所以应该避免盲目相信以下两类人的评价：

一类是戴“有色眼镜”看待自己的人，即本身对自己有偏见的人。他们不会仔细了解你的全面性，得出的结论会有失偏颇。

另一类是与自己过于亲密的人。俗话说，“情人眼里出西施”，亲密的爱人或父母在看待你时经常会戴着滤镜，把你的那些缺点都选择性忽略了。

_2

四象限法则，以“I级事件”为中心

当今社会节奏非常快，大多数人每天都忙得焦头烂额，特别是一些职场人士，每天有大量的工作等待他们去完成，因此“周一恐惧症”在这些人中十分盛行。

因为周一通常是提交上一周的工作报告，写下一周的工作计划的时候，而周末的放松，与平常截然不同的作息时间经常使得周一的工作更为煎熬，一些职员容易疲劳、恐惧、精神不济，甚至产生厌恶的情绪。

卡瑞就是一个“周一恐惧症”十分严重的上班族，周一的事情繁多复杂，他通常不知道如何去安排与工作有关的任务，还有其他乱七八糟的琐事，这一切都让他心烦意乱。每一件事情似乎都很重要，而每一件事情似乎又没有必要现在完成，这么多事情让他的脑子一团糟，“周一”越来越成为卡瑞的噩梦。

大多数人都会有这样的困扰，这么多事情应该先关注哪一个？没有适当的排序，这简直让人无从下手，而原本满满的注意力也渐渐被消耗。

歌德曾经说过："重要的事绝对不可以受到芝麻绿豆小事的牵绊。"凡事都有轻重缓急，只有分清事项的主次后再一一完成，工作上才不会那么被动。

那究竟如何给事情排序？怎么才能让自己的注意力有用武之地？"四象限法则"是公认的最有效的时间管理法之一。

专题

四象限法则

四象限法则是时间管理上的一个重要理论，它的重点是将要做的事情分为四个等级安排到四个象限中，最后再按顺序执行。

四象限分别如下：

第一象限：紧急又重要的事项（Ⅰ级事件）

第二象限：重要但不紧急的事项（Ⅱ级事件）

第三象限：紧急但不重要的事项（Ⅲ级事件）

第四象限：不紧急也不重要的事项（Ⅳ级事件）

四象限的关系如图所示：

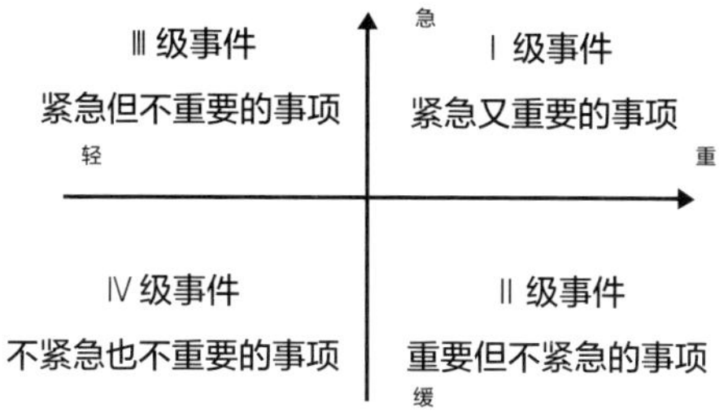

区分四个象限的事项有一个比较简便的方法：

第一象限

划分要求：工作上有截止日期的任务，迫切需要处理的生活要事（如健康维护），基本包括没有第二次重做机会的，或者完成不了有严重后果的事项。

所占百分比：20%～25%

与其他象限的关系：大部分由第二象限转变而来（通常因为拖延的缘故）。

如何处理：不要拖延！立即就做！

应用举例：

乔治·布林顿·麦克莱伦毕业于西点军校，是著名的美国将领，曾官至北方军总司令，可最后却被口诛笔伐，解除了军职。

这一切都是源于1862年的安提坦战役，在这场战役中他以未做好充分的准备为由，一直没有将主力部队派到重要的阵地上，导致失去了全歼南方军队的机会。这已不是他第一次行动力不足，早在半岛战役时，他就曾因为踌躇不决导致对方乘胜追击，而给己方带来麻烦。

每一场战争都是紧急而又重要的，麦克莱伦拖拖拉拉的作战风格使得机会一次次溜走，最终的失败成了压死骆驼的最后一根稻草。

在我们的生活和工作中，这种紧急又重要的事情，比如应付马上就要截止交差的工作、生病后就医等，若是不立即去做，将会带来严重的后果。

第二象限

划分要求：时间要求比第一象限要宽松一些，但仍旧是十分重要的事项，通常表现为个人能力的提升以及企业形象的树立等。

所占百分比：65% ~ 70%

与其他象限的关系：容易转变为第一象限（由于时间的减少）。

如何处理：制订完成计划（排在第一象限之后去做），第二象限工作法就是对第二象限中的事情进行目标描述和任务分解，最后一一完成。

首先，将一周或者一个月的工作列举出来，找到排序为第二象限的工作后单独写在一处。

其次，将第二象限的每一件事情进行拆分，尽量分成小的部分，再确定每一件事所需花费的时间。

最后，每天安排时间来完成小的部分，在规定期限内解决第二象限的事项。

应用举例：

曾在东京马拉松赛获得过冠军的山本田一就奉行第二象限工作法，在跑马拉松时，起初他将目标定在终点的那面旗上，发现越跑越疲惫，到最后更是自信心严重受挫。后来，山本田一在每次比赛前，都会先到比赛场地查看路线，将沿途中的地标列举出来，最后在跑步时，首先跑向第一个目标，再跑向第二个目标，以此类推，这样跑完整个马拉松比之前轻松不少，用时也大大缩短了。

第三象限

划分要求：一些需要回复的邮件，符合别人期望的事等，往往是一些“假性”紧急的事（假性紧急是一种行动起来没有太高的能力要求，只要愿意就可以去做，但是带不来太大的收益，反而会占据大量时间的事项；另一种为对他人紧急，而他人将这种紧迫感转移到你身上的情况）。

所占百分比：小于 5%

与其他象限的关系：占据第一象限和第二象限的时间，使两个象限的危机感上升，经常与第一象限混淆，区分重点是目标的不同。

如何处理：排在第一象限和第二象限事件之后完成，交给别人处理或者从源头减少第三象限事件。

应用举例：

李明是一家公司的部门经理，他在处理公务时常常事无巨细，几乎每一件事情都要亲力亲为，与他同职位的部门经理都没有他那么忙碌。他每天都尽职尽责，不但负责工作上的事情，就连公司的宣传也会说上几句，一些突如其来的访客、会议等他都会立即抽出时间来接待和主持。可即便如此认真，他手下消极怠工率远远高于别的部门，而久而久之自己的身体也出现了问题。

大部分的职场精英都认为，那些紧急但是不重要的事可以选择交给手下人来处理，对于一个集团来说，领导样样都要插手，员工不仅不会觉得轻松，相反会认为领导对自己不太信任，这就会产生一种权责分离的反效果。

因为人的注意力是有限的，如果在第三象限上花费太多的时间，那么分到第一象限和第二象限的时间势必会大大减少，舍得放手也是能力的一种。

第四象限

划分要求：一些日常生活上的小事，基本上没有时间上的限制，如上网、打游戏等等。

与其他象限的关系：与第一象限关系很紧密，当第一象限的危机感高于承受能力时，大部分人可能会因为迷茫而去做第四象限的事项。

所占百分比：小于 1%

如何处理：减少做！

应用举例：

某地的晚间新闻曾报道过这样一个故事：一名男子因沉迷网络被公司辞退，回家之后更是游手好闲，不务正业，整日就只知道向父母要钱，在遭到拒绝之后，竟然一口气喝了家中的农药。

这个男子在第四象限上的专注力投放过多，最后不仅丢掉了工作，也成了啃老一族，实在令人唏嘘。

所以合理地根据自己的目的来确定事项的紧急和重要程度是一切的前提，其中第一象限的事项是重中之重，因此要优先处理，第二象限的事项要抓紧时间做好，第三象限的事项要懂得合理分配，而第四象限的事项就应该减少精力的投入了。

只有这样有序处理，才能有条不紊地解决任务。

_3

“立即做”原则，告别拖延症

“立即做”与“拖延做”是一对截然相反的词，一提到前者，大家很自然地会想到一个动力十足的人争分夺秒地完成任务的场景，而一提到后者，一般一个懒洋洋的人的形象就会跃然眼前。

李法就是一个经常“拖延做”的人，他的一天通常是这样度过的：

早晨7点，闹铃响起，他随手按掉闹铃，想着再躺10分钟就起来。

早晨8点，他依旧在床上。

早晨9点10分，他匆匆忙忙地赶到公司，但是已经迟到了10分钟。

上午9点半，本应该是检查邮件、汇报任务的时间，他却在对着电脑发呆。

上午10点，老板催项目，他赶紧打开文档，写几十个字就休息一段时间，一般在截止日期前一刻才能完成任务（也经常会无法完成）。

下午 5 点，下班（经常因工作仍未完成，不得不留在公司加班）。

晚上 8 点，他疲惫地下班回家。

晚上 12 点，家人都睡了，他依旧没有放下手机，想着过一会儿再睡觉。

凌晨 1 点，支撑不住，他终于睡着了。

第二天早上 7 点又是一模一样的一天，如此周而复始，从不曾改变。

纵观这位"拖延症"患者的一天，你是否感觉到了一些熟悉之处？你是否也如他一样总是不能及时完成任务？是否也是怎么都无法集中注意力？

这一切的罪魁祸首便是拖延症。

拖延是一种常见的行为，指无法自我调节，即使知道有严重的后果，也仍然会把事情往后推迟的行为，严重者甚至会导致抑郁症、焦虑症。

拖延症的危害十分严重，就拿上述例子来说：

第一，精神不济。

李法在晚上总是拖延上床睡觉的时间，不良的作息让他每天都精神不振，大脑昏昏沉沉，身体也出现了不少的毛病。

在工作中，他总是在最后一刻才完成任务，这不仅让他越来越得过且过，也让他更加消极怠工。

第二，浪费时间。

充分利用时间，生活才会有满足感，在李法的一上午时间中，只有完成工作任务的碎片化时间才能算得上是“有效时间”，在这段有效时间中他完成出的工作项目的质量并没有其他同事的高，而且由此产生的空虚感也时时刻刻困扰着他。

第三，成就减少。

李法完成工作质量下降，时间增长，导致可获得的成就降低，工资一直维持在一个比较恒定的水平，看不到上升的希望。而且由于李法的惰性，一些原本的计划和想法都被搁浅，并且没有去追求的动力。

第四，情绪失控。

在拖延症的后期，李法意识到了自己的错误，想要改变可是又坚持不了太长的时间，自责情绪、负罪感、焦虑感以及对自己的不断否定、不断排斥，导致了情绪的极度不稳定，在家中他经常会无意识地发火，甚至在工作中他也控制不了自己的脾气。

拖延症危害重重，若是任由它肆意发展，我们的生活将会深受其害，那又应该采取何种举措控制住自己的拖延症？怎样让自己时时刻刻充满动力？

加拿大心理学家皮尔斯·斯蒂尔曾提出过这样一个公式：

改变的动力 =（期望 × 价值观）/（冲动 × 推迟）

这个公式的意思是，当你的价值观符合程度与期望越高，你想要改变的动力越高，即拖延症的发生率越低。而你的冲动程度与推迟程度越高，你想要改变的动力越低，即拖延症的发生率越高。

归根结底，要想增加自己改变的动力，要么提高价值观的符合程度或期望，要么抑制冲动或推迟欲望。

首先，提高自己的兴趣，化“被动事件”为“主动事件”。

兴趣是行动最大的助力，一件任务若是上司、家人强加给你的，那么你对它的排斥程度将远远高于自己想要主动做的任务，“被动事件”与“主动事件”之间，最大的不同就是兴趣的高低，只有提高自己的兴趣，“被动事件”才能变成“主动事件”。

其次，期望越高，动力越足。

著名心理学家弗鲁姆认为，人总是渴望达到一定的需求，并想方设法追求目标，意思就是，行动结果越符合自己的需求，行动的动力就越足，为此，他提出了期望理论：

$M=V\times E$

式中，M 表示行动的动力，一个人的积极性强度；V 代表价值，即获得的成就；E 表示期望值，是人们根据已有经验推测出的完成目标的主观概率。

动力即为价值的总和与期望值的乘积。

大部分管理层都曾根据这个公式来激励员工前进，其中最重要的一个举措就是提高 E（期望值）。

继续上述的例子，李法最近换了一位上司，这位新来的上司雷厉风行，上任的第一步就是提高员工的工作积极性。

李法之所以在工作上拖延，最大的一个问题便是工作总是与预期不符，一些简单的任务做完没有成就感，而且推迟一会儿做也不会有太大的影响，一些难度较高的任务又容易打击人的积极性，大大降低了自己的期望。

李法一直处在纠结中，任务总会被他拖延到最后，怎么也完成不了。

新来的上司为了提高大家的积极性，用奖励的原则来鼓励员工进步，完成任务的速度与效率提高就会得到相应的奖金；相反，若是工作达不到要求，也会有一定的惩处举措。

除此之外，上司在工作的过程中与员工的交流也变得多了起来，这样一来，员工的积极性也大大提高，与上司之间良好的关系也提高了员工的期望值，从而有了更为充足的前进动力。

再次，抵御周围的诱惑，减少冲动。

当面对随时可能出现的诱惑时，你的注意力会不自觉地转移，那些使你变得消极、缺乏动力的东西会大大增加你的冲动，从而降低行动力。

诱惑即是与任务无关的但是却消耗你注意力的东西。

美国著名实业家洛克菲勒曾说过：“唯一抵御诱惑的方法就是远离诱惑。”对于像李法一样的员工来说，诱惑不仅仅是娱乐上的诱惑，还有不断跳到背上的“猴子”，这也算是一种“诱惑”。

猴子定律：猴子代表着每个人需要承担的责任和问题，而突如其来跳到背上的猴子则是别人应该承担的责任和问题，它们因为一些原因被放到了你的身上，来分散你的注意力。

李法在工作的过程中，经常遇到一些来自同事或者他人的打扰，别人想要他帮助解决工作上本可以自己解决的问题，李法碍于情面不得不选择帮助同事，而且李法有时会承担培训新人的任务，那些新人的工作量也会额外落在李法的身上。

这些东西都是“背上的猴子”，遇到这种情况，优秀的管理者都会选择避免这种“诱惑”，关键一点是选择你最关心的“一只猴子”，除了这只“猴子”之外，其他都是“诱惑”，应该加强抵御，从而减少冲动。

最后，将时间具体化，减少推迟任务的频率。

“明日复明日，明日何其多”，这句话中的“明日”并不是一个具体的数字，它是无限推迟的以后，对于一些拖延症患者来说，明日就是不复存在的。

据研究表明，将时间具体化会提高一个人的警觉性，比如，下个周末、明天晚上7点钟或者是明年的3月1号，这些具体化的时间比下个春天、后年、以后、等下一次有时间的激励强度更高。

从上述的例子可以看出，拖延症不仅使人精神不济，成就减少，时间浪费，还会让人情绪失控，只有坚守“立刻做”原则，化被动为“主动”，提高个人的期望值，抵御住周围的诱惑，将时间具体化，因拖延导致的精力丧失才会减少。

因此，不要拖延，立刻做起来！

_4

列出清单，释放大脑

大型公司每一年都会引进一些新人，这些职场菜鸟们初入公司，大多数在工作上无法做到井井有条，有一些甚至会将任务弄得一团糟。在一些经验丰富的老员工看来，明明就几项任务，这些后辈们却像是在打一场大型战役一样，硬生生将简单的几项任务做出了几十项任务的感觉。

特别是在医院，实习生们虽然经过充足的准备，熟悉了专业的医疗知识，也大致了解了诊疗原则，可是他们仍然不能将所有步骤牢记在心，复杂的步骤只要有一步出现了问题，医生的注意力也会分散。为了减少这方面的失误，医院实行了一种“清单法”的归纳方式，在实行了“清单法”之后，重复的问话大大减少，节省了时间，医院的效率也大大提高。

不止是在医院，在媒体行业、建筑行业也是如此，列出清单，可以避免专注力的分散，减少重复性的操作。

据大量研究表明，合理地归纳任务，使用“清单法”解决问题，会大大提高专注力。

清单法：清即清理，单即写要做任务的单子，清单就是一步步清理要做的任务。

列举清单的方式多种多样，可以按时间来划分，也可以按难度，以及迫切程度来划分，如何有效地使用清单法，以下是一个被广泛认可的方法。

按照事情的紧张程度和重要程度来列举清单，再根据长期任务和短期任务的划分来确定完成顺序。

艾森豪威尔曾根据任务的重要程度和时间的紧迫程度提出了“重要性—迫切性模型”，这个模型把任务分成以下四种类型：

重要—迫切任务；

重要—非迫切任务；

迫切—非重要任务；

非迫切—非重要任务。

这四个模型即是前文的四象限法则，将四象限法则与清单法相结合可以大大减少大脑混乱程度，提高专注力。

专题

四象限清单法

① 在一张纸上写出一天要做的事情，并且将事情按“重要—迫切性模型”分为四个部分；

…

② 再根据第一象限，第二象限，第三象限，第四象限的顺序开始；

…

③ 一项一项完成，并在完成项目的后面打钩，使其更加清晰明了，并在中午、晚上、周末、月末、年末做出总结。

国内有一家医疗器械公司，在它刚刚成立时毫无名气，但是在短短一段时间内，它就一跃成为行业内遥遥领先的公司，这一切都源于公司创始人的良好习惯，他坚定不移地践行“四象限清单法”，并且要求公司员工也按照这个方法执行。

这家公司之所以能够取得成功，原因就在于有序性——任务分配合理、有序，这不仅能减少大脑的专注力损耗，还能够降低浪费在寻找下一个目标之上的时间。

当然，列清单的方法除了四象限清单法，还有截止时间清单法。

每一项任务都有它的截止日期，截止日期的早晚也可以成为确定清单的标准。

创新工场的创始人李开复，曾在微软、谷歌、苹果等公司担任要职，他获得成功的第一要诀就是学会列清单，他最经常使用的便是“年—月—日”“时—分—秒”等截止时间清单法。

他在管理公司的时候，通常会按照截止日期的早晚来归纳自己的安排，在这个方法上，李开复提出过几点需要注意的地方。

①为一个任务设置两个或两个以上的截止日期。

比如说李开复 9 点需要和公司员工开会讨论收购合同，他会在 8 点半和 8 点 45 分两个时间段为自己设定一个截止时间，前者叫“初步截止”，后者叫“部分截止”，而 9 点这个时间则是“完全截止”。

在第一个时间段内，他会处理好大部分手头上的工作；在第二个时间段内，他会基本完成手头上的工作，为接下来的会议做准备；在第三个时间段内全部注意力已经放在了会议上。

这种多次重复的截止时间会提高人们的警觉度，从而让人们意识到任务的紧迫和重要程度，进而开始完成任务。

②为长远计划留出一段空闲时间，给突发事件留缓冲的余地。

比如说公司分派一项出差的任务，需要你在明天下午 3 点之前到达机场，而你从家到机场需要 1 个小时，在机场安检需要半个小时，此时此刻，你千万不能在 1 点半的时候出门，一定要提前一段时间出发，这样出现特殊情况的时候才能有时间来重新规划。

在实施四象限清单法或截止时间清单法的过程中，你可能会遇到或多或少的问题，比如面临两个同样紧迫重要的事件应该如何抉择，应不应该同时进行两项任务？在执行清单任务的过程中，是应该一直全神贯注还是适当放空自己？这些都是我们需要注意的地方。

首先，放空自己并不是时间上的浪费。

一些刚入职的员工经常会让自己陷入一种连轴转的状态，在完成一项任务后又马不停蹄地去完成另一项任务，很少会让自己有充足的时间休息，似乎认为休息是极其浪费时间的行为。

而在工作效率高的人看来，适当地放空自己并不是一种时间上的浪费；相反，它还会让你以后的工作更高效。

据一项追踪调查显示，工作时休息时间的长短会导致专注力的不同，只有短暂休息时间的人在工作中的出错率大于有适当休息时间的人。

当你感觉到昏头涨脑，总是东张西望时，或者是情绪波动增大时，你可能已经到了一种亚健康的工作状态了。长时间的用脑会加大一个人的压力，压力增大到一定限度时，大脑中激素的分泌就会处于一种失衡的状态，这时你根本无法做到全神贯注。

下丘脑—垂体—肾上腺轴是神经内分泌系统的重要部分，它可以调节身体的多项活动，起到协调机体的作用，在高强度、长时间的压力紧张下，下丘脑—垂体—肾上腺轴就会产生糖皮质激素用以缓解紧张，但是过量的糖皮质激素会导致很多不良反应，比如加重感染，加重胃溃疡，精神状态下降等。

心理学家马克斯威尔·马尔兹曾说过："成功的法则应该是放松而不是紧张。"适当地放松自己，会让自己的大脑有喘息的机会，从而协调好体内的激素水平，避免不良后果的产生。

其次，启动单任务模式，避免多任务模式。

大量数据表明，同一时间内完成多项任务的效率只有完成单项任务的一半左右，相当于一个人在轻微醉酒时的工作效率。而在工作上，同时做几件事的员工的业绩也远远追不上只专注一件事的员工，他们等于比别人多浪费了一段时间，这些触目惊心的数据给了我们很大的警醒，对于个人来说，按照列举清单上一项一项完成任务才是十分高效的。

像一些大型企业的员工，他们在分配工作时，每个人都会只接受单项的任务，在完成之后才会再接受其他的任务，这样的工作分配比一股脑儿全部布置下去更为高效。

启动单任务模式，避免多任务模式已是公认的完成清单的重要环节，它不仅会降低焦虑感，还可以减少时间的消耗。

最后，坚持如一，减少中途改变目标的频率。

据一项研究显示，员工工作时被电子产品打断的频率高达 1 小时 23 次，浪费在手机电脑上的时间多达 16 分钟，也就是说，一个员工在 1 小时的工作中，他会经常改变目标，从手机跳到工作，从工作跳到电脑，这个过程严重浪费了专注力。

因此，做到坚持执行任务，不中途跳转目标至关重要。

四象限清单法与截止时间清单法都是非常不错的选择，在执行清单的过程中，合理地放空自己并不是浪费，而是一种解压方式，单任务模式能够让我们更加专注，坚定目标也让我们减少专注力的损耗。

所以，尝试一下“清单法”，你可能会有意想不到的收获。

_5

“长睡”与“小憩”，管理你的睡眠

在一天 24 小时内，睡眠通常占了 1/3 的时间，不可否认睡眠是一天中最重要的事情之一，但是在节奏感极快的现代社会，睡眠却被排在了工作、学习、玩乐之后，“半夜 12 点，夜生活才刚刚开始”，这句玩笑似的话足以描绘出大部分人有不良的睡眠习惯。

据调查显示，成年人出现睡眠障碍的比例达到了 30% 左右，随着网络的普及，这个数据还在持续增高，甚至在少年儿童中，出现睡眠障碍的比例也持日渐上升趋势。

睡眠不足、不规律的睡眠，以及嗜睡这些睡眠障碍的表现引起了社会广泛的关注，因为这些问题导致的身心健康问题，如专注力下降，自控力降低，心脑血管疾病等也越来越引起人们的重视。

其中，专注力下降是我们工作和学习最大的拦路虎。那么，如何提高自己的专注力？改善睡眠状况是最基本的应对措施。

那究竟什么是睡眠，如何养成健康的睡眠习惯？接下来我们首先了解一下睡眠的基本知识。

睡眠分为快波睡眠与慢波睡眠。快波睡眠时各种感觉和躯体运动功能减退，还可有间断性的阵发性表现：如出现快速动眼，血压升高，呼吸、心跳加快等表现。做梦也是此阶段的一个特征。慢波睡眠时各种反应减慢，但是生长激素分泌增加，慢波睡眠有利于生长发育与体力的恢复，美国威斯康星州立大学的神经病理学家及精神病学家托诺尼在《自然》杂志上发表的文章中说，大脑中那些在清醒时需要忙碌学习新技能的部分需要更长时间的慢波睡眠，可以说合理的慢波睡眠是缓解疲劳的重中之重。

慢波睡眠分为以下四个阶段：

第一阶段（入睡阶段）：从清醒到逐渐入睡的过程，这期间容易被外界声音干扰。

第二阶段（浅睡阶段）：轻度睡眠的过程，这期间不易被唤醒，是身体放松、呼吸心率减慢的过程。

第三阶段（深睡阶段）：感觉功能降低，不易被唤醒，通常如果在这个阶段被唤醒了，感觉功能与记忆功能会迟钝，表现为起床困难，昏头涨脑，肢体麻痹。

第四阶段（延续深睡阶段）：第三阶段的延伸，睡眠质量差的人很难到达这一阶段。

了解到这四个阶段之后，我们对睡眠就有了一个初步的认识，而养成良好的睡眠习惯应该从这四个阶段入手，改善这四个阶段的“分睡眠”质量会大大提高“总睡眠”质量。

第一步，缩短第一阶段入睡时间，快速进入睡眠。

①睡前远离咖啡等刺激性食物饮料，远离电脑和手机。

前一天的睡眠不足会导致第二天的精神萎靡，因此人们不得不使用一些提神醒脑的功能性饮料来增加活力，但随之带来的神经兴奋又常导致人们晚上无法入睡，如此恶性循环，睡眠障碍的出现频率会越来越高。

避免这种恶性循环最好的方式就是在睡前远离咖啡等刺激性饮料，让大脑处于“低活跃”状态，这样大脑的脑电波到达入睡状态频率的时间将会大大减少。

同样，电脑与手机也是如此，屏幕上的图像与声音不断刺激人的视觉与听觉，导致大脑仍旧处于高度繁忙状态，而这种状态与入睡状态之间的差值过大，需要长时间的调整才可以使大脑处于入睡状态。

②选择合适的窗帘与枕头。

大量数据表明，不同的颜色不仅能给予大脑视觉上的不同的冲击，对于身体状态的调整也截然不同。比如，红色是最强劲的颜色，容易刺激大脑，看久了会提高兴奋性，并且难以平复；绿色代表安全平静，让人有焕然一新的感觉；黄色会提高人的警惕性，让人处于一种戒备的状态。

因此，要选择颜色合适的窗帘，并且选择遮光的窗帘，因为黑暗会让大脑松果体分泌褪黑素，从而促进人体快速进入睡眠状态。

此外，从统计数据来看，全世界约六亿失眠者中接近三分之一的人是因为选择了不恰当的枕头所致。

你是否经常落枕？是否在睡觉时打呼噜？或者是一觉睡醒眼睛浮肿，全身上下酸痛？这种种迹象都表明你用的枕头不适合你。

合适的枕头高度应该根据自己的睡姿来选择，为了避免有效循环血流量降低，仰睡的枕头高度应该比侧睡略高。如果容易失眠的话，就应该尽量使用软硬合适的枕头，最好不要使用那些带有香味的枕头。

需要注意的是，为了良好的睡眠，一定要及时更换。

第二步，养成合理的小憩习惯。

对于小憩，一些研究机构都给出了相同的结论，适当的小憩可以增强专注力，提高生产力。一些公司，如谷歌等科技公司都为员工准备了午休室，一般午睡之后的员工的专注度、记忆力与做事速度都大大超过了未午睡的员工。

本杰明·富兰克林每天中午都会用一个固定的时间段小憩，在这段时间内哪怕他在做任何事都会立刻停下，然后在躺椅或者床上睡觉，期间任何人都不能打扰他。一些因此拜访被拒的人曾认为，富兰克林这种做法会导致灵感的丢失，富兰克林却反驳道，固定时间的小憩不仅没有让他灵感丢失，反而让他的脑中多出更多的想法。

一般上班族的小憩都在半个小时以内，这个时间刚好可以到达第一阶段或者第二阶段的睡眠状态，是身体放松的最佳睡眠状态；若是时间过长，进入到深层睡眠的状态，这时候醒来，你可能会昏头涨脑，身体疲惫，需要多躺一段时间才有力气起床。

因此，合适时间的小憩才有效果，否则将会适得其反。

第三步，规律作息，周末不要睡懒觉。

德国哲学家康德就是一位严格执行规律作息到极致的人，他幼年体弱多病，身体有轻微的残疾，每当刮风下雨总是容易得病，身体不济导致的无法专注让他在学术上没有太大的突破。

康德在意识到这个问题之后，为了保持自己的身体健康，能够有更多的时间和精力研究哲学，他制定了一个极其规律的作息表。每日的 4 点 55 分是康德的起床时间，仆人收到指令不管他怎样赖床都要喊他起床，9 点到 12 点 45 分是固定的写作时间，康德主义与德国古典哲学的内容写作都是在这个时间段完成的，晚上 10 点准时睡觉，并且是沾枕即着。

康德严苛的作息习惯使得他原本羸弱的身体强健起来，也因此让他顺利活到了高龄，更让他得以顺利完成了《实践理性批判》《批判力批判》《纯粹理性批判》三部批判巨著。

对于大部分青年人来说，规律作息带来的好处是即刻显现的。按时起床按时睡觉一段时间之后，整个人都会容光焕发，精力也可以大大增强。获得如此显而易见效果的原因便是合理控制了“睡眠动力”。

睡眠动力就是大脑内产生的驱动人们睡觉的动力，它与两个因素有关：一是生物节律，即是身体内由激素调节的重复节律性行为，比如说夜晚分泌大量褪黑素来促进人体睡眠；二是睡眠时长，一般正常人的睡眠时间是 8 个小时，若是你没有达到这个时间，睡眠动力就会增强，你想睡觉的冲动就会大大提高，俗称“补觉”。

当然，若是你睡觉的时间过长，比如说你周日的上午 9 点到中午 12 点都在睡觉，第二天的同样时间段，你的睡眠动力就会再一次发挥作用，它会不断地提醒你，现在还是睡觉的时段。

正因为如此，只有保证规律的睡眠，你的睡眠动力才会在规定的时间出现，来帮助你更快地进入睡眠状态，而若是睡眠不规律，睡眠动力就会时时刻刻地侵袭你的大脑神经，导致你一整天都昏昏欲睡。

所以，维持规律的睡眠是保持专注力不可或缺的一部分。

_6

拒绝他人，赢回轻松

作家毕淑敏曾说过，拒绝是一种权利，就像生存是一种权利。

在生活中，我们总会遇到一些自己不愿意做的事情，当面对这些事情时，有些人会坚定地拒绝，有些人却是犹豫不决，唯恐拒绝后会带给别人误会和麻烦，字斟句酌良久才犹犹豫豫地答应下来。自然做事时是不情不愿，最后不仅自己的情绪受到影响，时间也被浪费了。

更重要的是，自己的注意力也会因此而呈现出一种断崖式下降状态，原本专心致志的大脑被突如其来的干扰打乱，那些注意力被分散出去，想要重新聚焦起来还需要一段时间。

那如何才能学会拒绝，勇敢说“不”呢？大量研究表明，人之所以害怕拒绝是源于自己内心的“被依赖感”和“满足感”。

晓月是一位工作繁忙的公司职员，每天回家已经是疲惫不堪，她却还要再完成一个任务，就是帮助自己的朋友拉票、写文档。

晓月的朋友是一家保险机构的员工，她们公司有一项任务就是每周票选出最佳职工，所以朋友总是找她帮忙，希望能够用她的人脉来帮助她拉更多的票。晓月每周都要抽时间来为她转发朋友圈，这种情况经常发生。不仅如此，因为晓月文笔很好，一些朋友还会求她帮忙写一些演讲稿、宣传文案之类的。

晓月很想拒绝，却害怕朋友会因此不高兴而作罢，最终她牺牲了自己的休息时间，也导致她的精力因睡眠不足而降低。

晓月无法拒绝他人的原因有很多，害怕朋友会因此疏远自己，太过担心自己在别人眼中的形象，没有让别人明白自己的底线，这种种原因都是源于自己内心的“被依赖感”与“满足感”。

当对方用“求求你了”和“这件事只有你能够帮我”这种语气来恳求你时，你的心理会产生一种“被依赖感”，你会认为这是对自己能力认可的一种体现，是自己不可或缺的一种证明。

如果拒绝，你可能会质疑自己的能力，甚至怀疑若是没有答应别人的要求，别人会不会因此疏远自己，这种情况正是把“别人口中的自己”当成“实际的自己”。

如何避免被别人的看法困扰？

①要坚持独立的自己，认真考虑别人的看法是否正确，而不是头脑一热就直接接纳。

米开朗琪罗是意大利文艺复兴时期伟大的画家、雕塑家、建筑师与诗人，与拉斐尔和达·芬奇并称为文艺复兴后三杰，就是这样一位举世闻名的大师有时候也会不可避免地被别人的看法影响。

米开朗琪罗人生中最出色的作品之一便是大卫雕像，很多人都知道那个体态强健、肌肉丰满、栩栩如生的裸体雕像，却很少有人知道它背后的故事。用来雕刻大卫的大理石曾辗转经过几人之手，被雕刻成了一个大致形状。因为这个大理石价格昂贵，经过千挑万选，费了很大精力才从卡拉拉运到佛罗伦萨，但是它被雕刻成的雏形很难再次创作，很多人都劝米开朗琪罗放弃，认为他选择接手是异想天开。

米开朗琪罗也曾被别人的看法困扰，可是当他对这块大理石质地与形状仔细观测之后，最终力排众议决定使用这块石头。若是当时他听从了别人的建议而放弃这块石头，恐怕以后再也找不到这样完美的大理石了。最终，震撼了千万人的大卫雕像就此诞生了。

巴菲特曾经说过，把别人的评论当作无足轻重的事吧。这倒不是让你彻底不在乎别人的看法，而是不要太过在意别人的评价，取悦每一个人的代价便是失去了自己人格的独立性。

②认识到说“不”是一件十分正常的事情。

我们从小被教育要乐于助人，很多家长经常告诫孩子不要让别人难堪，拒绝别人可能会使别人下不来台，而这样的行为是非常不礼貌的，而且“多个朋友好办事”这个思维又更进一步地让人们无法开口拒绝朋友。

所以，很多人在拒绝别人的时候会感觉到难为情，扭扭捏捏半天后也没有说出明确拒绝的话，最后又不明不白地答应了，而导致这一切的根本原因便是没有意识到拒绝他人是一件很正常的事情，甚至一个不会拒绝的人反而很可能会没有真正的朋友。

我曾经看到过这样一个故事，一个年轻人十分擅长写剧本，他经常帮助自己的朋友写公司年会、酒会上表演的情景剧，也因此获得了朋友们的一致好评。可有一天他的祖父因病去世，这突如其来的打击让他打不起精神来，而恰在此时，一个平日里非常要好的朋友希望他能够帮忙写一个喜剧剧本。

这个年轻人犹豫了很久也没有回复一个“不”字，最后还是为他写了一个剧本，而事情的结果并不是朋友对他心怀感激，而是朋友哪怕在知道他的祖父去世的消息后，也并没有第一时间慰问年轻人，反而渐渐地与他断了联系。

很多人都会纳闷，明明这个年轻人帮朋友完成了任务，为何朋友还与他断了联系？其实，事实便是朋友承受不起这样的帮助。这帮助太过沉重，导致朋友也无法负担。这位年轻人的问题就在于他并没有意识到一份关系是建立在平等的条件下才能持续的，单方面的付出会使天平向一端倾斜，终会因为失去平衡而轰然倒塌。

拒绝他人其实是一件非常正常的事情，真正的朋友并不会因此而疏远，萍水相逢之人只需要在力所能及的范围内帮忙即可，如果觉得拒绝别人是一件非常难为情的事情，长久以往，自己的注意力也会放在别人身上，而不是自己身上。

特别是当对方提出了让自己十分为难的要求时，最好的方式就是明确地表示自己做不到，如果逞能答应，其实是对自己和对方的不负责。

③根据事情的优先级来确定是否拒绝。

在朋友遇到非常紧急的事情时，应该优先考虑帮助；当朋友的事情并不是十分紧急，恰好自己有非常重要的事情时，应该优先考虑拒绝；当遇到朋友和自己的事情都不是十分重要时，可以听从内心的真实想法。

如何拒绝别人且不让对方反感，也需要运用合理的说话方式。

首先，“让我想一下”这句话适用于所有的拒绝开头。在别人请求帮助时如果找不到合适的方式立刻拒绝，这句话是最佳的开场白。

其次，对于一个害怕拒绝别人的人来说，发短信拒绝比当面拒绝更容易操作。

为了避免面对面难以拒绝，可以采取事后短信拒绝的方式，在下一次见面时，可以选择轻描淡写地带过这个话题，这样也不会过于尴尬。

最后，使用肢体语言让别人知难而退。

当你的脸上露出明显的犹豫为难的神情时，有自知之明的人都会选择终止请求，如果别人仍然没有结束的意思，此举可以让别人心中有一个准备，作为你拒绝的前奏。

在实际应用中，直接委婉地拒绝更为有效。当一起工作的同事提出想让你帮他分担工作任务时，你应该弱化自己的能力，比如说：“不好意思，我这忙得脚不沾地的，你这问题我也解决不了，还有好几个问题想请教你呢。”

而当面对亲朋好友给你介绍相亲对象，你又不愿意时，你应该提升自己的境界表达。比如说：“现在社会不一样了，正是先立业后成家的时候，我要去拼搏一番事业。”

但是，在面对朋友让你做一些违背法律的事情时，不要心存侥幸，直接干干脆脆地拒绝，若是被人纠缠不休，就保持沉默，千万不能因为一时的心软而做出让自己后悔终生的事。

意识到拒绝他人是一件十分正常的事情是勇敢说“不”的关键，认识到拒绝其实并不会让自己受到排斥是学会拒绝的前提，只有这样，我们的精力才不会被大大小小的突如其来的事情干扰，高速运转的大脑也不会因为杂事而突然被干扰，工作效率才能维持在较高的水平。

所以，勇敢说“不”吧。

精力管理

硬核指南

● 在追求目标的过程中，意识到自己的能力究竟处在一个什么样的水平，这对制订合理的计划是至关重要的。我们可以根据自身状况预估专注力水平的极限值，从而安全地调控专注力水平的高低。

…

● 凡事都有轻重缓急，只有分清事项的主次后再一一完成，工作上才不会那么被动。“四象限法则”是公认的最有效的时间管理法之一。

…

● 将时间具体化会提高一个人的警觉性，比如，下个周末。明天晚上 7 点钟或者是明年的 3 月 1 号，这些具体化的时间比下个春天、后年、以后、等下一次有时间的激励强度更高。

…

● 将四象限法则与清单法相结合可以大大减少大脑混乱程度，提高专注力。在执行清单的过程中，合理地放空自己并不是浪费，而是一种解压方式。

…

● 专注力下降是我们工作和学习最大的拦路虎。改善睡眠状况是最基本的应对措施。规律作息带来的好处是即刻显现的，获得如此显而易见收获的原因便是合理控制了“睡眠动力”。

精力管理 硬核笔记

ONE

1.
2.
3.

TWO

1.
2.
3.

THREE

1.
2.
3.

FOUR

1.
2.
3.

FIVE

1.
2.
3.

第三章

Chapter 3

专注才是核心竞争力

_1

找到自己的远大目标，“逆推法”找到当下目标

很多人都知道大卫·沙诺夫是第一位出任美国无线电台台长的犹太人，他为美国无线电和电视事业贡献出巨大的力量，被人称作“美国无线电广播之父”。在美国，人人都敬佩他曾获得过的成就，而他为了一个目标付出几十年艰苦卓绝努力的事迹，直至今日依然被人们津津乐道。

沙诺夫幼时家境贫寒，很早就出来工作养家糊口。在他第一次接触到电报行业的时候，沙诺夫就立下了一个远大目标：成为电报业的领军人物。

为了实现这个远大目标，他制定了一系列当下目标。

第一阶段，他选择在一家电报公司当杂工，并在此期间努力向同事请教电报知识，最后奋发图强当上了电报员，还报道了当时“泰

坦尼克号”的沉没事故，也因此名气日益递增，第一阶段目标（进入电报业）完成。

第二阶段，他决心当上一家电报店的老板，为了实现这一目的，他选择另辟蹊径，使用先进的民用科技试制了“收音机”，并一举获得成功，他也因此被委任为美国无线电公司的总经理。

最后一阶段，他意识到了科技的重要性，于是先创办了科技研发部门，在研究出电视技术之后试验创办了全国广播电视台，并应用于纽约世界博览会，也因此成为行业的首脑人物。

纵观沙诺夫对远大目标的规划，不难看出，他将远大目标拆分成三个当下目标，正是因为不出纰漏地完成了所有当下目标，远大目标才得以完成。

在沙诺夫任职期间，一位朋友的亲戚也希望在电信业谋得一个职位，当时沙诺夫问她想要做什么工作时，那人回答“随便”，沙诺夫严苛地告诫她这世界上没有一项工作叫随便，他以自己举例，成功的道路正是目标铺出来的，是每日计划、每周计划、每年计划一步步走出来的，人生目标没有随便这一词。

那位朋友的亲戚听后羞愧不已，她认真听取了沙诺夫的意见，踏实工作，最终获得成功，这个人就是后来的罗斯福总统夫人，她主导起草了《世界人权宣言》，在美国历史上留下了浓墨重彩的一笔。

许多做出卓越成就的伟人都赞同一点，目标是一步一步完成的，只有完成当下目标，才能实现远大目标。

在精力方面，一个明确的目标也能减少精力无谓的损耗，那究竟如何找到自己的远大目标和当下目标呢？接下来我们将探讨在全世界受到广泛认可的 SMART 原则。

SMART 原则是为了利于员工更加明确高效地工作，后来也用于目标的规划。在 SMART 原则中，S（specific）即明确的，具体的；M（measurable）即可衡量的；A（attainable）即可达到的；R（relevant）即有关联性的；T（time-bound）即有时间限制的。

如果你还在为迟迟找不到一个目标而苦恼，这五大原则能够具化你的想法，让你早日找到一个适合自己的目标。

S：目标要明确具体。

当有人问起你的目标时，你可能会说“我想要赚大钱”“我想要人生幸福美满”或者是“我想要在一年内升职加薪”“我想要夫妻和睦，每天回家能够有一顿热气腾腾的晚餐。”

可以看出类似前面的赚大钱和幸福美满的目标都属于笼统模糊一类，而后面的则较为明确具体。哈佛大学曾经做过一项测试，测试将一群能力相仿的年轻人分为两组，两组成员都需要写出一周的计划，区别是第一组写出的计划必须十分具体，第二组的计划只需要一个大概方向即可，结果一周之后，第一组的计划完成率高出了第二组整整 29%。

哈佛大学得出来一项结论，具体目标比笼统目标更能增强人的行动力，一般有着具体目标的人会拥有更高的专注力。

因为明确具体的目标相当于给自己指明了一个方向，在实现它的过程中我们很少会停下来思索下一步应该怎么做，从而减少注意力的分散。而一个笼统模糊的目标就像是让自己处于一种黑暗的环境中，每走一步都得小心翼翼，避免出错。

M: 是否达成目标，需要一个可以衡量的标准。

可以衡量的标准最直观的方式即是用数字来说话，比如你的工资高出别人 20%，你的能力排名在公司前 20% 以内，你用于完成任务的时间降低到 2 小时以内。

这样的表达更为清楚明白，不知道大家是否知道 PIP 制度，全称 Performance Improvement Plan，即绩效提升计划，这种计划是国外大多数公司实行的一种方案，用于公司员工的人事变动。

比如亚马逊等公司，它们在每年会有两次这样的绩效评估，那些评估后排在最后 10% 的员工都有可能被炒鱿鱼。

那 10% 的员工会有 3 个月时间来提高自己的绩效，正是因为这项可以衡量的制度，那些公司员工才会尽自己最大的努力来提高绩效，因为这个标准很固定，所以目标是否达成才能一目了然。

A: 要找一个可以实现的目标。

哈伯特曾经说过，对于一艘盲目航行的船来说，所有的风都是逆风。确实，如果没有一个可以实现的目标，那么触目可及的都是障碍。

比如说一个没有表演天赋的人非要去演戏，首先走位、台词、表情功底都是障碍，其次没有足够的人脉也将成为不小的挑战。当然如果真的想在这方面做出成就，那么就应该将这个遥不可及的目标转化成可以实现的目标，比如报名参加培训班学习等等。除此之外工作上也是如此，如果你想当领导，你就需要比你职位高一级的人更优秀，在工作能力与为人处世上超过他，这样的目标才是可以实现的。

R：需要找一个有关联性的目标。

在心脑血管科室里，当病人的一条或者多条冠状动脉因动脉粥样硬化导致血流不畅时，医生会建议采取心脏搭桥手术，在这个过程中需要用到药物洗脱支架。

一些大型的医药公司负责这种支架的生产，制作这种支架的通常是一些流水线的工人，他们在长时间做一件枯燥无味的工作时，很多人都产生了厌倦心理，公司领导发现成品的合格率一直不高，他们思来想去，最后决定制作一个关于心脏搭桥手术的视频组织工人观看。

工人在观看视频之后，才意识到原来自己每日所做的看似普通的产品竟然发挥了这么大的作用，从那以后，产品的合格率大幅提升，有时甚至能达到百分之百的合格率。

当自己制作的产品关系到用来救人性命时，这种前所未有的自己工作的内容与救人性命之间的关联感使得工人们在完成工作目标时更为专注。大部分时候，关联感才是提升工作学习动力最关键的因素。

T: 目标需要有时间限制。

目标的设置应该有一个时间限制，比如说我将要在三个月后完成一项工作项目，这三个月就是一个时间限制，如果将具体的时间限制改为不久的将来，那么在过去一段时间之后，这个时间限制还是不久的将来，这样的话，这个时间限制就没有了意义，所以时间限制应该越具体越好，能具体到小时就不要具体到日。

目标分为远大目标和当下目标，远大目标与当下目标之间还有很长的一段距离，当确定了自己的远大目标和当下目标之后，如何才能走好这之间的每一步呢？

事实证明，做“选择题”才能更有效地确定一步步目标。

在工作时，你是否会觉得脑子一团糟，经常不知道接下来应该做什么？或者是脑子里明明有一团想法，却发现不知道先做哪一个？此时最好的方式便是做一道选择题。

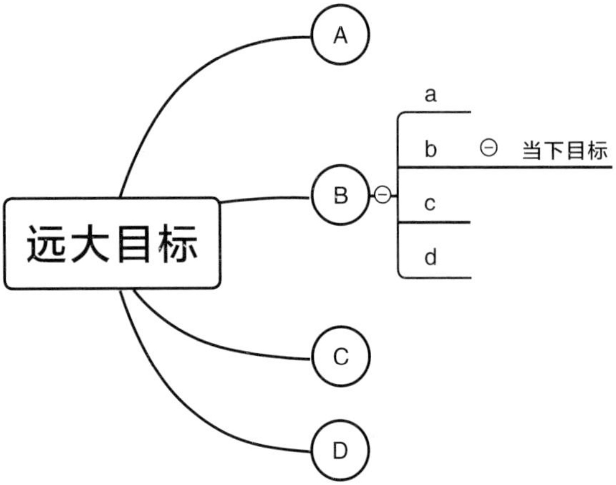

如图所示，首先，当你确定远大目标之后，先根据前文讲述的 SMART 原则来找出实现远大目标的几种途径，这几种途径即为 ABCD 四个选项。

比如，你想在半年内工资上升为现在的 1.5 倍，此时你有四种途径：A 是在本职工作内大放异彩；B 是寻求一个兼职；C 是跳槽到另一家公司；D 是自主创业。

其次，选择最符合自我标准的一条路径。

比如你选择了 B 选项，那么如何才能寻求一个兼职？这时又出现了几个选择题：a 是网络兼职；b 是现实中再多做一项工作；等等。

最后，一步一步“逆推”，直到找到最易上手的那个“当前目标”。

列出选择题选项相当于将自己的行为具体化，在这个过程中你会对自己的目标有更清楚的认识。当然，该选择题可以是多选也可以是单选，最重要的是这些选项最终都是一步一步指向当下目标，而这个目标就是你即刻行动的第一步！

_2

采用“细分法”细分目标

根据本章第1节的内容，我们大致可以根据SMART原则找到自己的远大目标和当下目标。那么问题又来了，在面对找到的目标时，有人会感觉脑子如一团乱麻，有人经常会出现手足无措的情况，有人甚至会因为不知道先做什么而推翻之前的目标，此刻一大堆的疑问就涌现出来了。

我们应该在什么时候开始？什么地点适合我们开启计划？如何更加详细地列出目标的内容？更重要的是我们应该用何种方式来实现自己的目标？

“细分法”是公认最有效的整理思路的方式之一，以目标为例，可以细分为时间、地点、内容、方式四种，接下来本节将一一介绍。

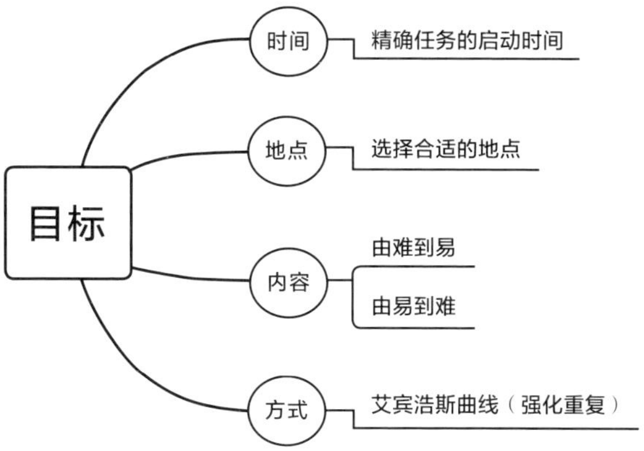

（1）细分目标的时间。

不知道大家是否看过一张曾在网上刷屏的清华学霸的一周计划表，这张周计划表被精细地分为 20 个部分，包括每一天的上课时间以及课后的总结计划完成情况，社会工作，甚至还有对生活状态的评价，计划完成的时间被严苛地规划到分。

大多数人在看到这张计划表时都会感叹一番，有人甚至还模仿这张计划表来拟订自己的计划，可是一天两天还好，时间一长，这种方法的弊端就渐渐显露出来。因为对于普通人来说，几乎没有人能够严苛地按照自己拟订的计划完成一天的生活。

一旦无法执行的次数多了之后，这张计划表也只能被搁置在一边了，这种过于苛刻的细分目标时间法在现实生活中，很少有人可以坚持。

那怎样才能更好地细分目标时间，制订一份合理的计划表呢?

首先，你要明白这种意义上的时间指的是计划的启动时间，不是整个计划需要的时间。

如果你要完成一项工作任务，那么你就得给自己规划任务的启动时间，通常这个任务的启动时间才是重中之重，它意味着你真正地准备投入精力在这项任务中，就像骑一辆自行车，在最初时你需要把握自行车的平衡，一旦上路之后，在没有其他意外的情况下，你只需要蹬脚踏板保持动力即可让自行车前进，而维持自行车的平衡已不需要像最开始那样耗费过多的精力。

细分目标的时间也是如此，只有任务的启动时间越精确，最好精确到几时几分，这样专注力才会在很短的时间汇聚在一起，用来为开启任务所用。

加拿大卡尔顿大学拖延心理学研究小组提出一种“5 分钟起步法”，这一方法可以用于计划启动时间的前 5 分钟。

研究小组发现大多数拖延症患者都有一种错觉，他们认为只有扭转了态度，才能在行动上有所改变。但是据研究表明，这种看法存在因果置换的错误，即其实是先开始行动，态度才会有所改变，因为在行动之后会出现一种惯性，这种惯性推着你向前。

所以在计划开始之前我们如果想放弃，不妨告诫自己先做 5 分钟，5 分钟之后再做打算，后来你会发现，当你真正地投入专注力之后，这 5 分钟也不自觉地延长了。

（2）细分目标的地点。

李利是一位自由撰稿人，除了写稿之外，有时还会参加网上的课程充实自己，可是在家待的时间长了之后，他写稿的效率越来越低，每次都无法集中注意力，甚至到了一天也写不出几百字的程度。

李利十分沮丧，在详细地与朋友探讨之后，他才意识到自己的问题所在。他的朋友也是一位自由撰稿人，可是工作完成度却比李利出色得多。朋友告诉李利他专注力高的原因便是“在什么地点做什么事”。

原来，李利因为职业的缘故，工作地点较自由，总是在家中工作，但是在家中不仅有时会有突然到访的水表工，还会受到家人不经意的打扰，更重要的是，他经常躺在床上工作，正是因为这么多的干扰因素，他的效率越来越低。

前文提到，睡眠会有一种“记忆”，柔软的床就会加速这种“记忆”对大脑的侵袭，如果你在床上躺久了，哪怕并不是十分想睡觉，也会不自觉地进入梦乡。

每一种地点和场景都有它的“记忆”，在办公桌上进入工作状态的速度会比在饭桌上迅速，躺在地板上进入睡眠的时间也大大慢于躺在床上进入睡眠的时间，所以选择合适的地点对于目标的完成来说十分重要。

李利在选择了合适的办公地点之后，任务的完成度也大大提高了。

（3）细分目标的内容。

① 由难到易划分。

这种划分方式通常适用于已有一定基础的任务，比如你原先曾经完成过与这种任务类似的工作，已经知晓了这种工作存在的难点和容易攻克的地方，而且此时这种任务有一个临近的截止日期，那么你不妨先从难度较高的部分开启。

据研究表明，在完成一项难度较高的任务之后，大脑会分泌一定的兴奋物质，此时再继续完成难度较低的任务，所需要的时间比平时要少。

但是这种方式最大的问题便是若是一开始就攻克不了，那对人们的专注度也是一大考验。

② 由易到难划分。

这种划分方式通常用于接触一项新事物，比如你想学会摄影这项技能，就要从最简单的构图、调色开始，从身边的事物开始摄影，不能一开始就想挑战高难度的拍摄技巧，因为这些意味着需要花费大量的人力、物力，若是连基本技法都不能掌握，这些都将会是无用功。

而这种方式最大的问题便是基础工作通常都会很枯燥，如果耐不住重复的操作过程，那么接下来的高难度工作也将无法进行。

这两种内容划分的方式各有利弊，总而言之，应该根据自己的实际情况和个人能力来确定是由难到易划分还是由易到难划分。

（4）细分完成目标的方式。

在确定了目标的时间、地点、内容之后，完成目标的计划可以开始启动了。可是通常在完成目标的过程中我们会遇到一些障碍，比如当你在使用电脑绘图时经常忘了操作的流程，或者明明之前已经完成过的工作，可之后在遇到类似的情况时竟然又不知所措，这样不仅会导致无法专注，还会因此花费过多的时间从头开始。

研究表明，良好的记忆力可以让人更加专注，而一个记忆力不好的人经常会因为忘记一些事而无法持续专注事情本身。

因此在完成目标时有一种比较受人赞同的方式——强化重复，这样会提高自己的记忆力，从而提高专注力。

德国心理学家艾宾浩斯通过研究大脑对事物的遗忘规律绘制出了遗忘曲线（见下图）。他认为，根据这个曲线来合理分配强化重复的频率，可以大大提高人的记忆能力。

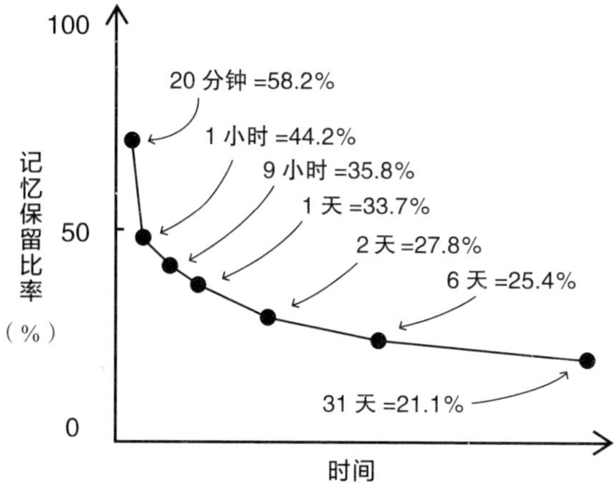

艾宾浩斯遗忘曲线

从该曲线中可以看出，在 20 分钟、1 小时、1 天遗忘速度最快，特别是在 1 天之后，遗忘率高达 66.3%，那么只要我们在记忆遗忘的时刻反复记忆就可以避免过多的记忆遗忘。

当学习了一项新鲜事物，在 1 天之后及时复习最为有效，当你的记忆力提高之后，专注力也会随之增强，这样才能更快地完成目标。

_3

深层次处理"单项任务"，总体化处理"多项任务"

我的朋友胡全是一名证券工作人员，他每天的工作任务繁多，不仅要进行证券交易和提供金融咨询服务，还要负责帮助投资者购买证券等业务。他的日常工作状态经常是：在他与客户进行沟通时，他会突然接到电话或微信消息，让他马上进行一些业务变更。当他遇到这样的状况后，他就会变得坐立不安，一方面面前的客户不能不理，不能就此放下眼前的工作，一方面又不得不及时去处理另一边的业务。

在工作中，如果同时出现多项任务，我们经常会有一种手忙脚乱的感觉。比如上司催着要开会，可自己手头上尚有没处理完的工作，还有一些等待回复的电子邮件，这么多需要及时处理的任务经常会让人陷入两难的境地，是考虑先开会再去完成项目？还是一边开会一边回复电子邮件？这个问题不仅困扰着胡全，也是大多数人纠结的。

16 世纪的意大利博学家德拉·波尔塔曾经做过一项挑战，当他的手上有很多需要处理的工作时，为了节省时间以及提高工作效率，他决定试着用两只眼睛看不同的书，他认为这样会得到双倍的知识，但是结局大家能够想到，他理所当然地失败了。

从这个挑战开始，一些神经学家又做了大量的实验，最终他们发现了一个叫“双眼竞争”的现象，当人的左眼和右眼看不同事物时，大脑根本无法处理两种图像，只有双眼看向同一事物时，大脑才能准确地将两种场面合二为一。

理论上来说，双手、双耳、双腿也是同样的道理，对于普通人来说，我们无法用左手打字、右手写字，也无法左耳听清英语、右耳听清中文，因为归根结底，这些指令都要传送到人的大脑，而大脑无法有效处理多项任务，毕竟人的注意力在集中于单项任务处理的时候，大脑才会发挥出最大的作用。

通常我们工作时，经常在单项任务与多项任务之间转换，导致这种情况出现最主要的一项原因是，我们经常在手头的任务没有做完的情况下就着急进行下一项，而进行下一项任务时又惦记着上一项任务，由此导致注意力下降到极低的水平。

如何才能减少这种情况的发生？经过大量研究发现，GTD 理论非常适用于这种情况。应用 GTD 理论时有几点需要注意的地方：

专题 GTD理论

GTD 理论是 Getting Things Done 的缩写，意思就是将事情做完。

大多数人在单项任务与多项任务之间切换频繁，主要就是因为手头上的任务都做了一半甚至更少，基本上没有全部完成的任务，而 GTD 理论就能很好地解决这一种困境。GTD 理论指出，做任何事都应遵循 5 个基本原则，即收集、整理、组织、回顾、执行。现在以前文胡全一天的工作为例分析：

…

收集：收集一天在工作上与生活上有多少任务要完成。胡全先确定自己需要面谈的客户以及要沟通的工作，还有生活上的事情。

整理：整理每一件任务所需的地点、时间、方式等，以及身边需要及时补充的东西，比如与客户 A 在地点 B 时间 C 做工作 D 等。

组织：把能做的事情做出一个计划，并给它们分类，判断事情的轻重缓急。

回顾：检查一下还有没有遗漏的地方。

执行：找到要做的第一步（在远大目标与当下目标中曾提及）。

① 确保第一步收集信息没有遗漏，此处的信息应该事无巨细，不仅是工作上的事，还有生活上的事，即使是琐事也应该一字不落地记下来。比如签订一项合同，把家里坏掉的灯泡换掉等。

② 关注“顺路效应”，比如你在开车去上班的路上，若是时间充裕，可以顺路去超市买一些生活用品。对于工作也是如此，当你要去和上司沟通手头工作时，最好将所有事情一次性说完，避免屡次打扰别人。

③ 根据“重要—紧急象限”或者“难易程度”判断事情的先后顺序，其中还可以分为“自己做”与“别人做”两种情况，将两种情况用不同印记标记。

在了解GTD理论之后，我们发现，在第一步收集的任务中，那一条条列出来的就是“单项任务”，而那一页纸写出来的所有任务就是“多项任务”，两者之间密不可分。而我们在一个时间段内只能完成单项任务，只有一个个单项任务完成后，多项任务才能得以解决。

不仅如此，单项任务和多项任务还可以从宏观来看，比如说自己的本职工作可以算作单项任务，而如何平衡工作与生活也可以算作多项任务。

那两种之间应该如何合理地协调呢？

据大量研究表明，单项任务需要“深层次处理”，多项任务需要“总体化处理”，用一个形象一点的比喻就是你需要打一口水井，首先你要安排人勘测地形，需要采购适当的设备等，你需要合理地调度规划你手下的工人，调度规划的过程就是多项任务的“总体化处理”，但是在找到合适的出水点之后，你只要往下挖即可，这就是单项任务的深层次处理。

① 深层次处理“单项任务”。

所谓深层次处理“单项任务”，本质就是将任务做精，比如你需要生产一种产品，此刻你就不能仅仅满足于将它做完，只是交出一份及格的答卷便好，而是需要提高产品的核心竞争力，如质量要高于同类的其他产品，价格要合适，利润要适度。如果产品本身已经处于遥遥领先的地位，那么就要比之前自己做出的产品更好。

例如，之后胡全在面对一个客户时，就完全以客户为中心，了解他全方位包括亲朋好友的需求，不再像以前那样只关心客户的经济状况和购买力承受度，这样做了以后，以这位客户为中心辐射到了他的亲朋好友，胡全的业绩也逐渐提高。

因此，对待单项任务，我们应该深层次处理，最大限度地发挥它的独特之处。

② 总体化处理“多项任务”。

多项任务与单项任务之间是一种包含关系，即单项任务包含在多项任务之中，因此多项任务比单项任务更为复杂，那究竟该如何处理好多项任务呢？

首先要从整体考虑，将多项任务看成单项任务的总和，那么如何协调好单项任务之间的关系，才是总体化处理多项任务的重中之重。

这里有一个非常有趣的现象可以提供协调两者之间关系的思路，就是“三明治现象”。众所周知，三明治就是两片面包夹几片肉和各种调料，中间可以夹鸡肉或者咸肉，或者鱼酱和黄瓜，这样丰富的配料使得三明治的魅力就比普通面包多很多。

研究人员发现，当做一件成就感或者满足感不太强的事情之后再做一件振奋人心的事情，在振奋人心的事情之后再做一件无聊的事情，这种搭配比先将振奋人心的事情做完之后再做无聊的事情，动力与专注度都多了不少，心理学家将这种现象称为“三明治现象”。简单点说，就是不喜欢吃素的人吃一盘荤素搭配的菜时，最好的方式是一口素一口荤，用一句俗语来说，就是打一棍子给一个甜枣。

就拿胡全来说，在进行高强度的工作之后，一般会有一个假期用来放松自己，然后再投入之后的工作，这种劳逸结合的方式也是一种三明治现象。

这一切都是源于延迟满足这个道理，延迟满足就是克服当前的困境能力来获得长远利益的能力，表现为吃得了眼前的苦，之后才能获得一定的回报。如果将多项任务分为满足感强的和满足感差的两部分，彼此之间交替进行，那么在每一次的单项任务完成之后都会出现成就感，这样的话，多项任务的完成率才会大大提高。

所以，牢记单项任务的“深层次处理法”与多项任务的“总体化处理法”，这样才能合理协调两种任务。

_4

你需要的奖惩机制

在日常工作中，若是老板提出如果员工能够出色地完成一个项目，就可以获得升职加薪或外出旅行的机会，那么大多数人都会变得干劲满满。

若是老板说现在公司效益不景气，如果员工为公司带来的回报不能达到一个额度，那么就会面临被裁员的命运，在这种情况下，几乎所有人都会争先恐后地完成目标。

奖励和惩罚这两种方式对我们的生活和工作都非常有效。前者因为我们得到了梦寐以求的东西，以及自己的价值会被肯定而被广泛使用；后者则因为一些个人不能承担的后果，能够使我们奋发向前而被视为最有效的激励方式之一。

在我国，奖惩机制不仅是公务员制度的核心内容之一，也被广泛用于企业和学校，当然这也适用于个人。

奖惩机制就是奖励与惩戒的合称，奖励就是凭借优异的表现或者达到的程度而给予物质或精神的奖励，惩戒就是由于不太好的表现或者犯下了错误而给予的一些物质或体力上的惩罚。

那怎么才能有效地设立奖惩机制来激励自己或者肯定自己呢？

首先，我们要了解奖惩机制的特点。

以游戏为例，风靡全球的游戏一般都会有三种特点：一是等级，有效的操作会使等级提高，无效的操作会使等级降低；二是抽奖，每隔一段时间，游戏终端会推出抽奖活动，在线上的游戏玩家就会拥有抽奖的机会；三是队友反馈，当你操作不当时，队友会立即在游戏上指出错误，当你操作技术过人时，队友也会及时给予赞美。

这三种特点归根结底就是运用了奖惩机制，比如在游戏界面出现的“经验值 +1”“血量 80%”这种数字能够刺激大脑皮层，导致情绪的变化波动，用户能够迅速了解到自己的行为所带来的影响。

操作得当所获得的“奖励”（通常表现为积分上涨）和操作不当所带来的“惩罚”（通常表现为积分下降）都是较好的实时反馈系统，它能够使用户乘胜追击和及时止损，也能让用户更好地确定之后一系列的操作。

这种“打怪—升级—获得更多权限—再打怪—再升级”的游戏模式就是依靠着“奖惩机制”才能吸引更多的用户，但是当这种机制缺乏吸引力时，这种游戏就会渐渐被玩家淘汰。

这就是奖惩机制的耐受性，相同的奖惩机制持续刺激人的大脑，当达到了大脑的阈值之后，这种刺激的作用力就会下降，最后的效果就会微乎其微，因此当原有的奖惩机制效果不明显时，应该考虑及时更换。

值得注意的是，奖惩机制应该用“内在诱因”为主导，而不是光靠“外在推力”。

在这里举一个成功律师的例子，李洪毕业于国内知名高校的法学专业，多年来在律师行业里打官司的胜率极高，因此在业内口碑极好，可就是这样一位优秀的成功人士，在大学却是一个挂科严重甚至要被劝退的学生。

李洪曾经在一次讲座中提到过他的故事，他高中时一直是一个超级学霸，但是在大学的前几年他却无心学习，一直沉迷于游戏。从高中学霸到大学厌学，这突如其来的转变有很多因素，但是李洪在多年后却只总结出最关键的一个因素，就是由高中时不合理的奖赏机制导致的。

李洪高中时的学习模式一直是“上课—做作业—考试—打分—成绩好受到老师家长肯定、同学羡慕，成绩差则受到批评”，这种模式中的“奖惩机制”完全来自家长和老师，这些来自外部的赞美与肯定就是“外在推力”，比较单纯简单。而上了大学之后，李洪发现老师和家长不再像高中一样关注成绩，因此他的学习动力丧失，导致了他在上大学时频繁挂科。

这种状态一直持续到他工作后，李洪发现高中时采用的奖惩机制已经完全对他无效，外在推力只能作用于他身上一时，不能持续一辈子，后来李洪在为委托人打官司后，意识到自己工作的价值，律师可以让好人免受冤屈，将坏人绳之以法，之前“获得老师、家长肯定”这种外在推力逐渐被“打赢官司的成就感”这种内在诱因代替，奖惩机制才能继续发挥效用。

形象一点的比喻就是，一辆需要用手推的车一定不会走得远，而如果给它装上一个马达，它就会持续不断地向前进。

其次，我们要明确究竟要奖励自己什么。

奖惩机制中的奖励应该是满足自己需求的事物，那这些事物又有什么标准呢？

美国心理学家马斯洛在《人类激励理论》中提出了马斯洛需求层次理论，他认为人类的需求类似阶梯状排列，第一层阶梯为生理需求，第二层阶梯为安全需求，第三层阶梯为社交需求，第四层阶梯为尊重需求，第五层阶梯为自我实现需求。

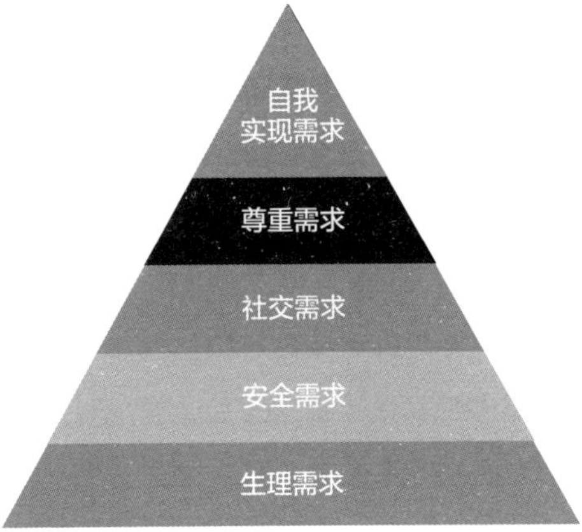

通常这五个需求度依次递增，生理需求是最根本的需求，如果连这个需求都没有满足，那么就根本不用提后面四项了，因为人一旦出现强烈的饥饿感，那么几乎所有的行动都会为了填饱肚子，生理需求是最重要的需求。

而自我实现需求则是最高级的需求，通常在追求这个需求时，其他四个需求都已经达到。只有生理、安全、社交和尊重需求都已经得到满足，人才会寻求自己的人生价值。

俗话说“缺什么要什么”，当我们缺乏什么东西时，它才对我们有吸引力，而我们缺乏的东西就是由这五层需求演化而来，当我们饥寒交迫时，满足自己的生理需求才是最好的激励办法。

正如你在公司加班时，已经饥肠辘辘，那么此时你为了让自己能够快速完成手头工作，于是告诉自己在几点前完成就奖励自己去最爱的一家饭店吃饭，这样你工作的激情就会大大提高。

通常只有一层需求解决了，才会向上一层次的需求迈进，就像爬楼梯，只有从第一层走才能到第五层，万万没有直接跳到第五层的道理。一般人的生理需求和安全需求都有了保障后，接下来需要考虑的便是社交、尊重、自我实现需求。

此处的奖励更准确地来说是一种“正向反馈”，用满足自己需求的方式来激励自己。

社交需求，即出于归属与爱的需要，比如你参加了一个团体就会感觉到归属感，爱的需要就是接受他人的爱和给予他人爱的能力。

那究竟该如何满足这种需求？此时需要的便是参加一些集体活动，比如公司举办的员工趣味体育比赛、小组成员之间的聚餐等。

尊重需求，即是自我尊重和他人尊重，尊重包括渴望获得成就，赢得别人的认同，正如文中的李洪成为优秀的律师来证明自己的价值是他的需求，这样他才能持续努力。

这种需求可以通过参加比赛获得奖项，工作中获得的奖金以及一些实质性的成就来满足，通常公司可以通过使用这些方式来奖励员工，以此来满足他们的尊重需求。

自我实现需求，这是指个体潜能和天赋得到肯定，如果你是一位孩子的家长，当孩子出现思考自己为什么要存在于这个世界上，怎么才能使人生有意义的时候，普通的奖惩机制，如物质奖励就不能满足孩子了，你需要换一种奖惩方式。

这种奖惩方式的核心便是发掘潜能，肯定他的天赋。

因此，根据自己的需求来找寻奖惩方式是最为有效的方法之一。

_5

不要找借口，守住自己的能力底线

高锦是我从小到大的邻居，与他同龄的人都已经在外面上班，他却长时间地待业在家，他的父母为此十分苦恼，曾拜托我去和高锦沟通，劝说他出去找一份工作。我接受了这项任务，在与高锦交流的过程中，渐渐知道高锦是如何被公司辞退以及他不思进取的缘故了。

原来，高锦这个人说得最多的便是“其实……这样也没有什么大不了的”，在工作时，高锦一直做事拖拉，上司批评他之后，他并没有立刻改正，而是想“没有关系，被领导骂也没有什么大不了的，他脾气一直不好”。于是他没有认识到自己的错误，还觉得问题出在领导身上。

后来在做公司交给他的策划项目时，他交出了一份并不是十分合格的答卷，在别人都做出令人满意的成果时，他又告诉自己，“没关系，做不出也没有什么大不了的，别人只是碰巧罢了”，直到有一天，高锦因工作能力不强被辞退，而失业在家时，他又宽慰自己“在家待着也没有什么大不了的，又不缺吃缺喝”。

无数次的“没什么大不了”导致高锦的底线越来越低，于是他自己的人生也逐渐低到了低谷里，在别人都在奋发向上的时刻他在家里闲着啃老，而他似乎还是没有意识到自己身上的问题。

相信大家都看出了高锦身上的问题了，他出现颓废状态的原因有两点：一是他总是从别人身上找借口；二是他没有为自己设置一个合适的能力底线。

在高锦的工作出现效率低的问题时，他没有从自己的身上找原因，而是从领导的身上找借口，把一切失败的缘由都归结到别人身上。高锦并没有为自己的人生设定一个清楚明确的底线，而对我们大部分人来说，我们的人生都有“一定要有一份可以养活自己的工作”这样的设定。若是他早先设置了这条底线，在突破这层底线之后，他整个人应该会处于一种警觉的状态，而不是放任自己当那么久的无业游民。一般在触碰到自己的底线时，个人的专注度会一直放在如何从底线上离开，这时的专注度会到达一个非常高的程度。

用一个形象一点的比喻来说，如果你在一座峭壁上攀岩，脚下就是万丈深渊，而向上攀爬到坠入悬崖之间有一道清楚的界线。在这条界线以上，你就有机会朝上爬，如果在这条界线以下，就会坠入悬崖粉身碎骨，相信大家都不会去选择让自己的脚踏入底线一步。

以人为镜，可以明得失，我们从高锦的身上看到了问题，那么放在我们自己身上时，我们又应该如何处理这些问题呢？

首先，不要找借口。

借口，在汉语中的释义便是承认活动本身是错误的，可是当事人以非真正理由否认其应当承担责任。

第一，其实我们习惯了找那么多的借口，最主要的目的之一就是推卸责任。据调查统计，一般具有高度责任感的人是不会轻易找借口的。

美国总统里根在11岁的时候一次踢足球不小心打碎了邻居的玻璃，邻居索赔13美元，这些钱在当时可供一个普通家庭半个月的开销，然而闯了祸的里根并没有为自己找借口。事实上，当时他的年纪小，调皮是情有可原的，里根的朋友在踢碎玻璃的时候都以自己的年龄过小来推脱债务，而里根却没有，他诚恳地向邻居承认了错误，并向父亲借来了13美元还清了债务。

在此后的半年里，他辛苦打工最终还清了欠父亲的债务。在他以后的从政生涯中，他遇到过不计其数的困难，可是他从未找过借口来推脱自己的责任，而是选择坚定地扛起自己的责任，最终成为美国最受人爱戴的总统之一。

大多数人寻找借口通常都是为了逃避自己的责任，因为一般情况下，选择承认错误就可能会给自己带来不良的后果。比如当我们在做某个项目时出现了纰漏，很多人总会想到先找借口来推掉自己的责任，因为他们害怕若是承担这份责任会给自己带来严重的影响。轻则会面临惩罚，没有奖金，重则还有可能会因此而被辞退。而高锦就属于这样的情况，因此他才一直源源不断地找出层出不穷的借口。

第二，找借口是为了心安理得地拖延。

高锦待业在家的时候，家里人曾多次劝说他出去找工作，他都不为所动，这其中最主要的原因便是他为自己找的借口让他自己能心安理得地拖延。

“现在是求职淡季，而且我所学的专业与市场上的大部分工作都不对口，等到有合适的职位我再去。”

“我年纪这么大了，怎么可能竞争得过那些刚毕业的年轻人，据说现在的公司都不会招聘像我这样的大龄员工。”

“面试时要准备合适的衣服，我手上没有这样的衣服，还是过几天去买了衣服再去找工作吧。”

就是这样数不胜数的借口让高锦一直待业在家，不再出去找工作，这些借口有些是单纯地责怪社会，比如他这种大龄员工不好找工作；有些就是纯粹的借口，比如没有面试的行头等。而类似“再等等吧”这样的话，就是已经出现拖延症的最主要征兆，当你经常说这句话而没有任何实际性的进展时，就应该考虑自己找的理由是不是只是自己不想出去工作的借口了。

找借口最大的缘故就是推卸责任和心安理得地拖延，那究竟怎么样才能让自己避免一遇见问题就开始找借口呢？

我们要认识到，当我们所做的达不到预期的要求时，一定有原因的，一是客观原因，比如设备出现故障，家庭出现了扰人情绪的变故，还有就是一些突然的政策更改；二是主观因素，比如自己就是想参加派对、想看电影、想去饭局而不想去工作，做事马马虎虎不求细节上无误，以及懒得起床等自身原因。

当我们认为客观原因大于主观原因时，我们往往会产生“这就是命，没办法改变”的消极心理，这并不利于个人的发展，那我们应该如何做呢？

最重要的是，我们不要过分强调客观局限性而忽略主观能动性，意思就是当外力无法阻止时，要从自己的身上找原因，将自己身上影响结果的因素做到比之前更好，这样才能排除阻拦任务顺利进行的不利因素。

其次，为自己设置一个能力底线。

能力是会一步一步降低的，依旧拿高锦举例，他在公司的时候有好几次的项目失利，在第一次出现问题时，他若是能及时反思自己的错误，提升自己的能力，也不至于后来被辞退。但是高锦没有，他选择了放弃难度高的任务，反而去完成难度次一级的其他任务，久而久之，他就完成不了任何有难度的任务了。

一个人如果一直在走下坡路，那么到最后只会无路可走，而我们应该做的就是在一条下坡路上为自己设置障碍，让自己处于一种警觉的状态，从而转身向上，不会再一步一步朝下走。

我们最应该做的，就是敏感地捕捉到任何一丝负反馈。

在工作遇到困难时，我们就应该充分调取自己的注意力了，虽然遇到困难才是走上坡路的必经之路，但是若是一不留神也会走向下坡路，两者之间的差别就是前者将困难视作一个能力的警告，而后者则是将其视为一个无关紧要的事件。

举一个生活中很普遍的例子，我的同学小欣就是因为不关注负反馈而一步一步长胖 30 斤的，她在第一次裤子有些紧的时候并没有放在心上，之后大多数衣服都有些不合适的时候也没有完全引起她的注意，直到最后逛街的时候，她发现没有适合自己的码数时才欲哭无泪。

“体重秤上 1 斤的改变”“衣服 1 厘米的不合适”等都是十分微小的改变，有些人却能够敏感地意识到这些细节，从而调整自己的方向，避免由量变引起质变，有些人却习惯性地忽视，直至最后造成了无法挽回的后果。

无论在工作还是生活中，我们都应当为自己设置一条底线。生活里，对于体重，我们可以给自己设置体重绝对不能超过多少斤的底线，当体重朝着这个数字迈进时，那些微小的负反馈就会对我们发出一次次的警告，直到我们意识到自己的方向错误。工作上也是如此，比如在无法更改的外界因素影响下，工作的时间延长和效率降低，以及受到上司的警告等时，我们就应该注意了，这是非常重要的负反馈！而反过来，这些负反馈也会指导我们如何设置属于自己的底线。

不要找借口，去设置一条能力底线，这两种做法能够让我们勇于承担责任，更能意识到不能拖延，就如我的邻居高锦一样，他在听取了我的意见之后，不再去找借口，而是给自己设下一条底线——先找到工作。最后他找到了合适的工作，生活也在慢慢走上正轨。

所以，抛弃那些不靠谱的借口吧，从自己的身上找原因，这样我们才能往上走而不是往下走！

_6

一流的人才从不懈于总结

我的导师曾经有两位学生，这两位学生在刚入学的时候基础与能力都不相上下，可是在入学后的几年里，两个人的差距越来越大，一位已经发表了几篇文章，一位却连实验操作都不太熟悉，短短几年，两人为什么会出现这么大的差别?

我的导师给出了答案，原来这两位学生最大的不同便是一个比较善于反思错误，总结经验，而另一个在完成任务之后就将它丢在一边不闻不问，也不管这项任务会给自己带来什么经验、教训，即使也曾偶尔回想过，也是浅尝辄止从未深入。

能否及时反馈、总结经验是二人的分水岭，也是大多数人与成功人士之间的分水岭。

联想控股股份有限公司原董事长、联想集团的创始人柳传志是一名优秀的企业家与投资家，他曾经说过，“一流的人才都是善于总结的人”。最初，他做了一个双密度磁带记录仪，在送到飞机试飞所使用后，柳传志接触到了国外的设备，他发现自己做的与国外差得太远，于是他开始学习总结国外先进的技术。后来在创业的时候，柳传志在遇到困难时，开始总结英特尔公司与惠普公司的成功经验与盈利模式，最终取其精华去其糟粕运用到自己的公司上，从而大获成功。

不仅如此，柳传志总结的经验也激励了神州数码董事局主席郭为等一些人，他们及时反思自己的错误，认真总结，最终在自己的领域也做出了不凡的成就。

相信大多数人都知道及时反馈、总结经验的重要性，可是却难以在生活和工作中真正做到这点，这主要是源于大脑的保护机制。

美国的《自然》杂志报道过瑞士的一项研究成果，研究认为大脑会选择性地遗忘一些记忆。人的大脑不仅有储存能力，还要有遗忘能力，这样才能达到一种微妙的平衡，这些被遗忘的记忆通常是一些无关紧要的小事，但更多的是遗忘恐惧与痛苦的记忆。

趋利避害是一种本性，不断地回忆自己的错误本来就是一种痛苦的过程，但是若是长时间不回忆，人的大脑又会启动保护机制将这些记忆遗忘，所以及时反馈十分重要。

及时反馈之后，我们就要开始分析自己出错的原因了。

我们最好将大脑中不成形的思维转化成具体化的文字，形成线性的表达结构。

分析自己错误的原因，首先要列出自己做错的事件，然后再进行下一步的处理，在这种情况下应用线性的 IFRSE 原则。

insoluble
（无法解决的问题）

feedback
（反馈总结问题）

resemble
（相似的问题）

solvable
（可解决的问题）

experience
（总结经验）

这就是一个最简单的线性结构图，由最简单的箭头导向，方便于归纳总结，IFRSE 原则表明的是发现错误到总结经验的一系列过程：第一步为发现无法解决的问题；第二步为反馈问题，归纳总结；第三步就是遇到相似的情况；第四步是解决问题；第五步是根据多个实例来总结经验。

对于大部分情况来说，这样用线性结构表述出来比一团乱麻般在脑袋中想要更为清楚明白，除此之外的线性结构还有导图式，具体见下图：

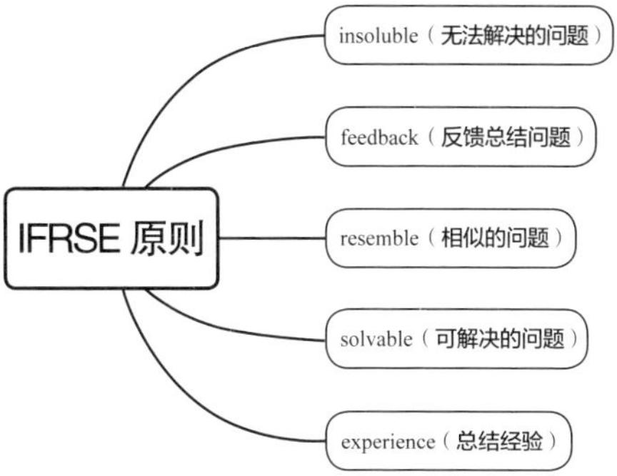

当然，这种线性的表达只是一种提高效率的手段，最终还要回到内容上。

第一步，我们要先找到自己无法解决的问题。时间限度可以为一天，也可以为一周，尽量越早越好。

以我的导师口中那位品学兼优的A学生举例，他通常是这样做的，他会在一个合适的环境里坐下来思考，首先抛出几个问题。

“在过去的几天内，我在学术、工作上遇到了哪些无法解决的问题或哪些地方做得不错？”

“同学、同事、导师有没有指出我身上的不足之处？”

“有没有什么实质性的惩处，比如说被期刊拒稿、工作的奖金比之前少等？”

抛出这几个问题（通常由自我评价、导师评价、外界评价组成），然后一一回答之后，就对无法解决的任务有了清楚的认识。

第二步，分析反馈问题（横向对比，纵向深入）。

一位行业的领军人物曾经在一次演讲中说出自己解决问题的“秘籍”，他采取的便是横向对比与纵向深入的手段。举个例子，在工作中，如果遇到一个无法攻克的项目，他通常会从两方面考虑：一是横向对比，以时间为一条线来回忆以前有没有遇到相似的情况，当时是怎么处理的，有没有可以借鉴的经验？如果没有，那么这个项目就是一个全新的挑战，需要严肃对待；二是纵向深入，比如问自己这个项目的特点是什么？它的针对人群是什么？有没有什么方法能够使它更具有竞争力？就是只面对一个问题，将这个问题进行全面的分析，不遗漏任何一处细节。

这位行业领军人物就是这样分析反馈问题的，找出自己在面对问题时的不足，然后改正。

我的同事可风吸取了这位领军人物的经验，在工作上遇到问题时，会首先回忆之前有没有遇到过相似的情况，当时是怎么解决的。以设计的产品缺乏吸引力为例，他之前也曾出现过类似的情况，而当时他选择了求助行业的另一个人，那个人在帮他重新添加了几处细节后，使这个产品更具吸引力，但是可风当时并没有去问那个人的设计思路，这导致这次求助没有发挥更大的作用。

横向对比完成之后，可风再进行纵向深入，他开始从各方面思索这个设计为什么没有吸引力，最后总结出两点：一是没有实用性，原本要设计的是一个家装物品，本是装饰之用，但若是能够拥有实用性，那么将更具有竞争力；二是颜色搭配不合理，产品在冷色调中混入了一丝暖色调，感觉非常怪异。

在找到这两点之后，可以选择增添实用性，并去除多余的暖色调，这样就大大提高了产品的吸引力。

横向对比与纵向深入还适用于其他的工作问题，而且在解决问题之后，要及时记住自己的想法来源以备未来之需。

第三步，再次遇到相似的问题，并熟练地解决问题。

历史总是有相似之处，在再次遇到之前犯过错误的问题时，如果之前并没有从源头改正，那么接下来大概率是依旧会犯相同的错误的。

复读机原理就是如此，如果你最先录制了一段错误的音频，那么播放出来，这个音频就会不断地重复，不断地犯错，如果想终止这种错误，就只能清空磁带，再重新录制一段正确的音频。

既然解决这个问题的方法与之前的相似，那么这个问题与之前的问题就应该有相似之处，我们应该先找出这两者的相似之处，评估一下能否用同样的方法解决问题，如果可以，那么就遵从之前总结的经验去应对。

这被称作“问题模式化”，就是把有主要特征的问题放在一个模式里，这个模式里的所有问题都可以套用共同的解决方法。

就拿可风的解决方式来说，他的“模式”是这样进行的：

再次遇到产品缺乏吸引力的问题——加以思考；

排查颜色问题——改变颜色；

针对缺乏实用性问题——提高实用性。

这就是一个普通的“模式”，以后再遇到产品缺乏吸引力的问题便可以从这些方面思考，然后找到合适的解决方案。

当然，凡事都会有例外，我们一定要抓住重点，比如我的朋友陈阳在公司时每一次都是最后一个提交报表，他将效率低下的问题归结于自己没有合理地安排时间，于是他根据之前熟悉的时间安排的方法来安排时间，最后却发现自己仍旧是最后一个提交报表的人。后来有同事指出了他的问题，便是不能熟练地使用一系列的办公软件，这导致陈阳在时间安排合理的情况下，也会因为软件使用不当导致时间推迟。

陈阳的同事都采用了更合适的办公软件，而他还在使用过时的方法。现在网上能找到各种各样的 PPT 模板，而陈阳竟然还在自己设计每个版面，事实上使用模板和自己设计版面呈现出的效果差别并不大，但所花费的时间却相差很多。

这个对陈阳来说的“无法解决的问题”的重点其实是办公软件，但是他却将重点归于时间的分配上，这本来就是没有合理地划分问题，如此再采用不合适的处理模式，效果自然是南辕北辙。

更重要的是，模式并不是固定不变的，它每时每刻都在更新，这就需要我们不断总结，不断地提升自己思考问题的多维性。

总而言之，及时反馈问题，为自己的错误买单是我们更高效获得成功的要义。

精力管理

硬核指南

● 目标是一步一步完成的，只有完成当下目标，才能实现远大目标。一个明确的目标也能减少精力无谓的损耗。

…

● “细分法”是公认最有效的整理思路的方式之一，以目标为例，可以细分为时间、地点、内容、方式四种。

…

● 单项任务需要“深层次处理”，多项任务需要“总体化处理”。所谓深层次处理“单项任务”，本质就是将任务做精。将多项任务看成单项任务的总和，那么如何协调好单项任务之间的关系，才是总体化处理多项任务的重中之重。

…

● 不要找借口，去设置一条能力底线，这两种做法能够让我们勇于承担责任，更能意识到不能拖延。从自己的身上找原因，这样我们才能往上走而不是往下走！

…

● 能否及时反馈、总结经验是大多数人与成功人士之间的分水岭。

精力管理 硬核笔记

ONE

1.
2.
3.

TWO

1.
2.
3.

THREE

1.
2.
3.

FOUR

1.
2.
3.

FIVE

1.
2.
3.

第四章

Chapter 4

管理好精力就是为自己赋能

_1

坚持一项适合自己的运动

我的朋友杜克，几年前从公司辞职后开始自主创业。起初他废寝忘食，夜以继日地筹划方案，马不停蹄地寻找客户和推销自己的创意，经过他长时间的辛勤工作后，公司初具规模，每月的销售额也达到了较高的水准。

可是，就在公司形势一片大好的情况下，后来杜克的身心却出现了问题。他发现自己再也做不到像在公司初始阶段那样，全部精力都能投入到工作中去，就连工作热情也大大下降。

杜克创业初期，他一个人能够在很短的时间内完成一份质量不错的策划案，但在后期，他却发现自己已经没有办法交出一份令人满意的策划案，因为他通常伏案工作一段时间后就会感觉精力不济，甚至出现头晕眼花的症状。他也知道自己无法专注的最主要原因是因为身体欠佳。

在他二十几岁的时候，熬夜加班是很经常的事，因为当时精力正处于一种巅峰的状态，对偶尔的疲惫感他也没有放在心上，但是现在他已经三十多岁，身体素质日益下降，在高强度的工作状态下，精力也已经跟不上了，只能白白浪费大把的时间，这对刚有起色的公司来说十分不利。

杜克为此感到十分挫败，直到一次清晨 5 点他从公司加班回来，在小区楼下遇到很多早起跑步的晨练者，才让他有了醒悟并决定改变。早起跑步的人群中有一位是杜克十分佩服的合作伙伴，他时常对合作伙伴旺盛的精力感到羡慕不已。

后来有一次聊天，杜克才知道这位合作伙伴已坚持跑步有 6 年之久，甚至还曾参加过很多场马拉松比赛，身体素质过人，因此在工作上也比其他人的精力更强。

法国医学家蒂素曾经说过，运动的作用可以代替药物，但所有的药物都不能替代运动。对于由大脑控制的专注力来说，运动无疑是一味“优化剂”，它能够明显地提高专注程度。

由一组研究人员设计的神经实验的数据来看，适宜规律的运动能够刺激大脑产生重要激素和神经化学物质，这些物质能够增强大脑中海马区神经元以及前额叶皮层的发育。众所周知，大脑的前额叶皮层是十分重要的部位，它负责人体的决策与专注能力，前额叶皮层发育得越完善，人的专注力也就越强。

运动的好处很多，其中对精力最重要的一项便是有助于睡眠。

前文曾经说过，睡眠对精力的恢复十分有用，而运动能促进睡眠，新加坡前总理李光耀就是最好的例子。

李光耀曾经体重超标，和大部分喜欢宅在家中的人一样，他不喜欢运动，喜欢吃高热量的食物，没有重大的事情一般不会出门，直到年纪轻轻就出现了啤酒肚，他才决定进行运动减肥。

起初李光耀选择了高尔夫运动来减肥，却发现这项活动的运动量过小，根本没有办法实现减肥的目的，可是他又不愿意单纯依靠跑步之类的有氧运动，最后他想到了一个好主意——将高尔夫与跑步结合起来。就是在打高尔夫球的时候，在击完一球之后迅速跑到另一个击球点，这样既进行了自己最喜爱的运动，让高尔夫保持了趣味性，也起到了通过跑步来减脂的目的。

自从意识到了运动的魅力之后，李光耀坚持了长达几十年的运动，甚至在出国访问的时候，也会每天雷打不动地跑步 20 分钟。如果去没有运动设施的国家，他的随行人员还要为他在行李中准备可折叠的健身脚踏车，这样规律的运动，使他在接近九十岁的时候依然腿脚利落，思维也比同龄人要敏捷得多。

规律的运动让他只要一躺到床上就能很快入睡，并且每日只睡六七个小时也神清气爽。虽然这比起人体需要的标准睡眠还要少一个多小时，但是他的精力足够充沛，根本不需要太多的睡眠来恢复。

运动要将“效率”与“兴趣”相结合。

李光耀喜欢打高尔夫球，不喜欢跑步，可是前者有趣却不能有效减脂，后者能有效减脂却难免有些枯燥，而李光耀选择将两者结合起来，这样既不失趣味也能起到有效减脂的作用。

其实，如果一项运动对个人没有吸引力，它还可能会起反作用，经常进行这项运动会引起内心不小的负担与抵触。这样的话，这项运动就失去了“续航能力”，让人一步一步消耗掉激情，甚至所有的动力都会消耗殆尽。

杜克无法像合作伙伴一样做到每日早起跑步，不过他选择了一项最适合自己的方式。因为工作需要，他经常需要去各地考察，之前他都会选择打车或者开车，但是之后，他选择了提前一段时间出发，然后步行前往目的地。这样既不耽误工作，还锻炼了自己的身体。杜克喜欢去郊外野营，他在朋友的介绍下加入了骑行爱好者协会，在空闲的时候就与同伴骑车去郊外露营。

杜克选择的露营与骑行都是自己感兴趣的事情，而且是在不耽误工作的情况下做的，因此效率远远高于被迫做那些自己不喜欢的运动的状况。可见，运动要将“效率”和“兴趣”结合起来。你可以先将自己感兴趣的事情列出来，再列举出你知道的有氧运动和无氧运动，接着运用你的想象力将这两者结合在一起。

①打高尔夫球	A 跑步
②睡觉	B 踢足球

③下班回家　　　　　　C 做仰卧起坐

④逛街　　　　　　　　D 打篮球

例如上面所述的几种运动，你可以选择③ A 这种组合，比如说在下班回家的路上跑步，或者是② C 这种组合，在睡觉前做完一组仰卧起坐，以及根据自己的兴趣与效率需要采用其他搭配组合。这种情况的核心就是为运动“减负”，本来运动就需要靠很强的自制力维持，如果变成了负担，那么自然后继乏力。

运动可以清除一些“重复无效思维”，用来放空大脑。

杜克在公司步入正轨的后期，整个人根本无法专注于一项事物，他在进行工作的过程中，大脑经常会胡思乱想，比如可能会突然想起之前发生过的一些小事，然后在脑中反复地想，就像是在大脑中安插了一段磁带，不断地循环播放，或者对自己所做的事情不坚定，经常被周围的音乐或电视里播出的内容打乱了心神。

这种与目标无关的“重复无效思维”经常会占据人的大脑，使人对目标的专注度大大降低，而运动会大大减少这种“重复无效思维”的产生与循环。某医学院曾经做过一项研究，研究者找出了一组阅读速度差不多的学生，让他们在一周中做同样的运动并持续同样的时间，之后再次测试他们的阅读速度以及期间中断阅读的次数。研究发现，这些学生的阅读速度比之前高出 20%，而期间中断阅读的次数也大为减少了。

很多人都会出现这样的情况，大脑在长时间高强度的工作之后会出现一团糨糊的状况，而在运动之后这种状态则会停止，甚至出现一种神清气爽的状态，之后的工作状态也会大幅度提升，专注力以压倒性优势战胜大脑中的“重复无效思维”。

但是这种作用有一定的“时效性”，一次跑步之后释放出作用于大脑的化学物质与激素只能持续很短的时间，如果想要拥有持续的专注度，就必须保持有规律地运动。

规律的运动会有“排空”与“强化”的作用。排空即是清空大脑中无用的信息；强化即是强化自己的目标。在运动的过程中，你的注意力只会在如何将这项运动继续下去这个问题上停留，那些无用信息浮现在大脑的频率也会逐渐降低，直到最后专注成为一种惯性。

运动的好处不计其数，最主要的便是有助于睡眠以及放空大脑，这两项作用可以大大提升我们对目标的专注度。所以，要选择一项自己喜欢的运动，这种运动一定要以兴趣为先，效率为基础，只有这样，才会有持续的动力来支撑你，也才有可能使你坚持到最后。

_2

与无用的信息断舍离

现代社会中的大部分人都离不开手机，特别对于年轻人来说，手机差不多已经成为他们不可分割的一部分，根本无法放下，可见大部分人都有“手机依赖症”。不过，从手机上获得的消息有利有弊，一些信息可以让我们醍醐灌顶，一些却只能白白浪费我们的时间，甚至导致我们根本无法专心做事。

我的朋友孟河就是一个极其依赖手机的人，不管是吃饭时还是工作时，他都会时不时地打开手机翻看，手机也总是嗡嗡嗡地响，正因如此，看手机弹出的信息几乎占据了他所有的碎片化时间。

有朋友问过他，怎么会有这么多的手机通知事项需要处理？他摇着头说道，其实也没有那么多的事情需要处理，只是出于一种本能，当手机上跳出来通知时，就总是会忍不住翻阅。

他向我们展示了一下他的手机，上面有五花八门的APP，全部都不规律地分列在各个界面，就在向我们展示的一会儿工夫，手机上方就弹出了不少的消息，有朋友发的信息，还有一些无聊的新闻推送。

不仅如此，他的电脑桌面上也是乱七八糟的一片，找资料都需要好长时间，孟河也渐渐知道了这种混乱的坏处，但是他不知道应该如何下手，因此我建议他找个合适的时间做一下断舍离。

断舍离这个概念最初是日本作家山下英子在其创作的家庭生活类作品中提出的。针对当代人东西堆积越来越多却没有办法割舍，然后又不断地一边买一边懊悔的情况，山下英子提出了这一概念。断就是不买，不再购买自己不需要的东西；舍就是舍弃，丢掉自己不需要的东西；离就是斩断，斩断自己对不需要东西的迷恋。

这种概念起初用于整理家务，不过我认为这也适用于手机屏幕与电脑桌面的清理。

以孟河举例，他的手机上总是弹出数不胜数的通知，包括娱乐信息和新闻推送、朋友之间的八卦闲聊，可这么多的消息都是他需要接收的吗?

答案很显然是否定的。他根本就不需要看这么多的消息，但是他又害怕错过重要的消息，所以不敢漏掉任何一个通知，更何况如果弹出来某某明星隐婚生子、某某新剧上映，他又怎么能克制住自己不打开那则通知？

这一方面是自己的自制力问题，另一方面就是APP的运营者会选取最吸人眼球的消息推送到你的面前，更何况有些高级的APP还会根据你的日常浏览消息，然后用概率算法算出你喜欢的类型，从而选择你最感兴趣的内容推送到你的面前，对此我们只能从源头上进行防范与遏制。

你要适当及时的整理手机APP及电脑软件，减少电子产品的干扰，减少大脑的负荷，注意力才不会被时不时打断，才能更好地专注于目标本身。

首先，整理手机APP及电脑软件。

孟河的手机APP就是以随机的方式排布，很多APP的右上角是触目惊心的提示红点。很多人都有“红点强迫症”，即使其实并不是真想打开这个APP，但还是会不由自主地点进APP中企图消除这些红点。

孟河也是如此，他无法忍受APP上有这么多的红点，所以总是会点进这些APP中，而点进去之后，就会被里面精彩的信息吸引了全部的注意力，久而久之又耽误了不少时间。

更重要的是，当手机APP不规则地排列时，人们常会在浏览了新闻类 APP 里的内容后，又被旁边的游戏类 APP 吸引，大脑的不同工作区域被不断地刺激，放下手机专心工作也变得越来越难，因此，我们最关键的第一步便是整理自己的桌面——把所有的东西放在特定的位置。

把屏幕上的所有 APP 按照不同的用途分别排列到不同的界面中，比如游戏板块中全部放游戏，社交 APP 全部放在一处，还有系统 APP 和一些常用 APP 放在一处，这样我们就会对自己手机里的应用有个清晰的认识，也基本了解了手机通知来源于哪些内容。

对于电脑上的软件也可以按照这种方法处理。

其次，卸载自己并不需要的手机 APP 及电脑软件。

在手机和电脑的后台系统中都会按照手机 APP 和电脑软件的使用次数来排序，通常排到后面的都是一些很长时间没使用过的 APP 和软件，你应该卸载这些不常用的手机 APP 和电脑软件。

有些手机 APP 和电脑软件的用途相似，同时安装，重复查阅相同的内容，无疑是对精力的极大浪费。对这些用途相似的手机 APP 和电脑软件，可以选择性地删除，或者是关闭后台的通知功能。

最后，合理安排接收信息的时间，在一个时间段统一处理信息。

通过手机及电脑获取信息有时间上的随意性，如果你放下了手头工作去查看、处理这些信息，注意力会被不停地打断，再聚集起来还要费一番功夫，而且如果注意力被打断的频率过高，那么也很难再次有效发挥作用。

那我们究竟应该采取什么样的方式才能避免此类情况发生呢？

我们最应该做的就是合理地安排接收信息的时间，选择在一个时间段内统一处理问题。

以孟河为例，我建议他将手机在一个时间段内开启“免打扰模式”，在这个时间段内，将不会有任何消息打扰他，过了这个时间段后再关闭“免打扰模式”，再去查阅手机中重要的消息。

大部分情况下，我们都会错误地判断事情的紧急程度，比如说一些弹出来的爆炸性的新闻，晚几个小时再看也没什么关系，一些朋友发来的无关痛痒的消息，等些时候看也不会有太大的影响。

需要注意的是，这个“免打扰模式”的时间段需要根据实际情况设置，比如说你需要与一些客户沟通，这时候免打扰模式设置的时间过长会让你错过一些重要的消息，反过来说，如果你并没有什么需要紧急处理的事情，那免打扰时间段设置过短则起不到免打扰的效果。

_3

坚持劳逸结合法

在都市快节奏的生活中，大部分人的生活都极其忙碌。上班族拼命地工作，学生们也夜以继日地学习，如此紧绷的状态导致很多人都有焦虑感，生怕被别人拉开了差距，一丝一毫都不敢放松。在这样的循环下，大部分人却发现自己做不到纯粹的专注了。

还有一部分人，他们与那些整天神经紧绷着的人恰恰相反，他们每天的生活状态便是三天打鱼，两天晒网。如果说第一类人是一条紧绷着的弦，第二类人就是完全松掉的一根弦，前者过度紧绷，后者过于放松。

这两种生活状态下的人，若是为他们的专注力打分，那么就只能在 50 分左右，都是不及格的分数。

我的两个朋友就分别是这两种人：一个是每天都在认真工作，

经常加班到很晚，放假的时候也总是忙忙碌碌的；另一个是每天睡到日上三竿，整个人一直是一种懒洋洋的状态，工作的时候也是写一会儿报告，就休息很长的时间。

后来，那个一直忙碌紧绷的朋友得了脊椎炎，而且心中一直有挥之不去的焦虑感，那个一直处于放松状态下的朋友却总是有一种空虚感，还经常被上司责骂。

据一项调查研究显示，懂得劳逸结合的人在工作与学习上都有更为出色的表现。研究人员让两组测试者记忆多组数字，第一组人员花费30分钟记忆，没有设置休息时间，第二组设置了10分钟的休息时间，花了20分钟记忆数字，加起来一共30分钟，然而第二组的准确率却比第一组多出19%。

大部分人都会有疑问，第一组测试者明明多了10分钟的记忆时间，为什么记忆效率还不如只有20分钟记忆时间的人呢？

其实，在这个过程中起重要作用的便是劳逸结合的方式，在生理和心理疲劳之后，适度的放松会让工作或者学习的效率变高。

所谓劳逸结合法，劳就是工作学习，逸就是娱乐放松的一系列活动，劳逸结合就是将这两种结合起来，上面所说的我的两个朋友的状态就是两类极端——过度紧绷与过度放松。

过度紧绷："劳"的时间过长，"逸"的时间不够，心理与生理偏劳累。

过度放松：“逸”的时间过长，“劳”的时间不够，心理与生理偏安逸。

这两种状态都是没有协调好“劳”与“逸”两者之间的关系，时间分配不合理才导致了这两种极端的状态的出现。其实，劳与逸两者之间近似于正比，如果你工作或者学习的时间长，那么放松自己的时间也会长一些，但是如果你的劳累程度并不需要长时间的放松，安逸的状态持续过长，对自己的生理和心理都有不利的影响，比如你只做了一天的工作却用了一个月的时间来放松，这就不属于正常的劳逸结合了。

那么应该如何来协调这两者之间的比例呢？

首先，我们要了解怎么才能有效放松自己。

劳累不仅是身体上的劳累，还有心理上的劳累，这种劳累是一种情绪的体现，比如我们经常感觉到“绝望”“失落”“疲惫”这一系列负面情绪的涌现。这些负面情绪也是一种心理警告，它们的出现通常意味着我们需要适度地休息了。

我们需要的“逸”也必须从生理与心理两个方面来进行。生理上的放松有疲劳之后的睡觉，吃一顿下午茶，去玩一局小游戏等方式，大部分人都知道生理放松的重要性，社会也比较重视这一方面的休息，比如学生时代的课间休息与做眼保健操等，在工作时候的午休时间以及假期等，这些都是让人进行生理放松的。

生理上的放松最主要的是养成规律的生活习惯。每日按时吃饭，不晚睡晚起，以及合理地规划自己的时间，这些都是一些良好的生活习惯，保持这样有张有弛的生活才能在工作或者学习上持续有效地输出。

其次，合理安排放松的时间段。

我们在选择放松的时间时，应该避免安排在完成任务的关键时刻。结合前文中的单项任务与多项任务来看，在完成一次单项任务的时候，我们可以拥有一次短时间放松，例如在完成一上午的工作之后用午睡放松。而在完成一次多项任务之后，我们便可以拥有一次长时间放松，例如在完成上半年的工作后，我们可以选择一段长途旅行来放松自己。但是，最好不要在工作或者学习的关键时刻放松，这样不仅会分散精力，以后再想继续工作或学习，难度也会明显上升。

生理上需要合适的放松，但是大部分人都忽视心理上的放松，一些疲惫的情绪经常性地被人们选择性地无视了，如果我们在生理性的放松之后并没有感觉到状态出现好转，那么就应该考虑心理上的放松了。

对当今社会大部分的年轻人来说，我们在没有进行体力劳动的情况下，也会经常感觉到疲惫，用一个词来形容就是“心累”。随着社会竞争压力越来越大，年轻人心理上疲惫的频率也越来越高，有些人甚至在一天没有做任何事情的情况下，也会感觉到心理超负荷。因此，我们更应该关注自我心理上的放松。

心理上的放松主要分为两个方面：一是与他人的沟通；二是与自己的沟通。

我那个总是忙忙碌碌的朋友不仅有因为睡眠不足与工作负荷过大而导致的身体疲惫，还有因为欠缺与人沟通而导致的心理疲惫。前者容易治愈，后者却需要花费一番精力才能够恢复到合适的状态。

他在长时间工作的时候渐渐地将自己放在了“自我封闭”的环境中。例如，同事们一起聊天时，他会选择工作而放弃融入周围的环境，还有为了完成自己的工作，他渐渐减少了出门认识新朋友的机会。因为他长时间地缺乏与人沟通，导致了他内心的想法无人可以倾诉。作为社会性的人，这样会切断自己与世界的联系，让人产生一种空虚感。

对于类似的情况，我们应该选择积极社交，比如，适当地融入与同事之间的交际圈，在工作的空闲时间与同事们聊聊天、开开玩笑，还有就是适时地与朋友们出去放松心情，彼此之间沟通一下自己最近做的事情。如果周围没有亲密的朋友，则可以根据自己的爱好选择合适的交友圈，积极地出去结识一些新的朋友。

与人沟通是减轻自己心理负担最好的方式之一，其次就是与自己沟通。

大部分情况下，我们之所以忙碌不堪或者颓废无措，都是因为我们自己内心的渴求决定的。比如，有些人对物质有迫切需要或极度追求物质，那么他们就会不断地为自己施压，直到最后不胜负荷而导致心理出现了问题。还有一些人没有明确的追求，因此没有足够的动力，所以总是给自己放假。这两类人就像是两辆在路上奔驰的车，一个在不断地加速，一个却在不断地减速。前者会因为超速违反交通规则或者是遇到障碍却躲避不及而出事故，而后者会停在路上无法前行，根本到不了目的地。

这两种情况都是不好的，所以我们应该经常与自己沟通，了解自己最真实的需求，不要过度地逼迫自己，当然也不能过度地纵容自己。

在我们加速前进却不堪负荷的时候，应该增加“逸”的时间，而在我们停在路上的时候，则应该增加“劳”的时间，合适的“劳”与“逸”的比例才能让我们的工作学习更为有效。

养成规律的生活习惯，选择在合适的时候放松，都是劳逸结合法需要注意的地方。而且放松的方式多种多样，要根据自己的个人情况来选择。别人喜欢的放松方式可能不适合你，你要找到属于自己的放松方式。

最重要的是，不要忘了与自己和别人沟通，这才是心理放松最有用的方式。

_4

让置身的环境极简化

我的朋友赵州是一位刚刚进入职场的实习生，与那些拎着公文包上班的同事不同，赵州每天都会背一个鼓囊囊的包，里面不仅装了工作要用的笔记本电脑，还有其他的电子产品如平板电脑、游戏机等等，甚至还有一些不需要背的书籍。

当我们问起赵州为何要带这么多的东西来回跑时，他的答案很简单，就是觉得这些东西可能会在工作和午间休息时派上用场。但是事实证明，其中的大部分东西他都没有用到，反而有时他还会在工作时忍不住翻开自己的包，随即就被包里的一些东西给吸引，分散了注意力，从而耽误了工作。

赵州最大的问题便是喜欢将事情复杂化，除了在背包这方面，他的办公桌也与别的员工不同，办公桌上总是乱糟糟的，一堆东西杂乱不堪地摆在一起，而用来办公的电脑只占据了很小的一个角落。

大量事例证明，心无旁骛是一种能力，有一部分人在乱糟糟的书桌前可以做到不被周围的物品干扰，但是这种能力具有一定的选择性，在现实生活中，大部分普通人都缺乏这种能力，因此当我们处于杂乱异常的环境时，大多数人都做不到专心致志。我们可能会因为手边一个新奇的玩意而分散了注意力，目光也会经常在一堆东西面前徘徊，这种情况十分普遍。

我们可以简单地认为，对于大部分普通人来说，桌面的混乱度约等于大脑的混乱度，桌面的东西越多，越容易分散注意力。有调查显示，人的目光在混乱的桌面上停留的时间会比在整齐的桌面上停留的时间多 10 秒左右。当注意力处于巅峰时，如果大脑突然多懈怠了 10 秒，此时的注意力就会“倾泻式丧失”。

如果大脑没有将注意力及时拉回来，那么重新聚焦注意力就会难上加难。遇到这种情况，我们可以采取“极简主义”的方式来解决干扰的问题。

所谓工作环境的极简主义，就是在保证基本功能的情况下，进行物品简化，比如用一台电脑可以解决的工作就不要再多带其他的电子设备。有一部分具有心无旁骛能力的人，他们的大脑在处理事物的时候就已经自动开启了“极简模式”，即使周围的环境很嘈杂，他们也不会被干扰到，但是对于更多的普通人来说，这种自动极简模式基本很难启动。这时候就需要我们被迫采取环境的极简主义，就是提前清除周围的干扰因素，让环境处于一种简单有效的状态。

那么，我们怎么样才能做到极简主义呢？

第一，要摒弃“无法舍弃”的固有想法，选择出“必带品”。

每一种东西都具有它的价值，每一样东西都有它固定的作用，通常在我们外出或者办公时（即要完成一项任务时），考虑要带的东西大致可以分为三类：A类为不可缺少的东西；B类为可带可不带的东西；C类为不需要带的东西。一般我们都十分肯定不可缺少的东西有哪些，但是在面对可带可不带的东西选择时，就开始犯难了，到底是带还是不带呢？如果带了多余的东西，难免会挤占整理时间和空间，但若是在需要使用它的时候却发现并没有带，那也会是一种麻烦。

遇到这种情况时，首先，我们应该在大脑中想一下这些物品的使用频率。以赵州为例，在他的包中有一些东西是不经常用到的，比如说特别重的笔记本电脑备用电池、一些不经常翻阅的书，这些物品的使用频率十分低，通常在我们犹豫这个东西需不需要带的时候，大概率是不需要带的。其次，我们要根据时间来选择，时间分为短期时间和长期时间，而物品的使用率也分为长期使用率和短期使用率，有一些物品比如说笔记本电脑备用电池，如果此时你的电脑已经充满了电，在未来的几个小时之内应该用不上，那么这个备用电池就没有用武之地，带上它就是徒占空间。但如果是要出差几天，这个备用电池就应该带上了。

同样，在现实工作中，需要我们保持几个小时或者十几个小时的专注，这时我们对周围环境和物体的选择度就会变窄，此时我们从手中的物品中挑出必须带的物品的难度就简单不少。

研究表明，在完成任务时，当专注度的投射范围聚焦在 C 类物品时，投射时间越长，任务的完成率越低，但是当专注度的投射范围聚焦在 A 类物品时，投射时间越长，任务的完成率越高。所以我们要增加环境中 A 类物品的数量，减少 B 类和 C 类物品的数量。

这其中还必须提到分类的重要性。

对每个人来说，当桌面上有一大堆东西时，可以先将东西分类，将零食分为一类，娱乐用品分为一类，办公用具中电子产品分为一类，纸质文件分为一类，等等。然后选择出必须放在桌面上的东西。办公桌是用来工作的，因此我们应该将零食与娱乐用品收在柜子里，之后再对桌面的纸质文件进行划分，按照“过期的”与“有效的”进行分类，将“过期的”文件收纳起来，只剩下“有效的”文件，最终办公桌上将只剩下工作的必需品，这些必需品的使用频率极高，即使注意力分散，也不会有太多消耗。

分类自然是越精确越好，比如赵州在决定做关于“风景园林”的项目策划案时，手边只需要携带与“风景园林”有关的资料即可，如果手边有“酒店建筑”的资料，那么这类资料对该项目来说也是 C 类物品，即不需要带的物品。

“极简主义”最关键的一点就是找到最重要的东西，在有限的时间内做真正重要的事情，这样才能减少专注力的损耗，避免将精力耗费在不必要的地方。

第二，杂物取舍具有连锁反应，有了 A 就会有 B，舍弃 A 就会舍弃 B。

赵州的办公桌上最初也没有那么多无关紧要的东西，但自从他的桌面上多了一件与工作无关的东西之后，其他的杂物也越堆越多，这样的情形对于大多数人来说也是比较常见的。比如你一开始没有及时扔掉办公桌上的废纸，那么在不知不觉中，它可能会堆积成一座小山；相反，如果你从一开始就将办公桌保持得非常整洁，也就不会出现此后办公桌上堆了一堆废纸的情况。

因此，在遇到这种情况时，在一开始就不能做出错误的决定，要意识到杂物的连锁反应，当你多堆积了一件无关的东西时，另一件无关的东西也可能出现，但是当你开始勇敢舍弃掉不需要的东西时，其他不需要的东西也就容易被丢弃了。

我们需要做的便是从源头杜绝收纳不需要的东西，这样在接下来的时间里就不用花费太多的时间去考虑是否需要舍弃它们。

首先，你得开始观察你的办公桌，检查是否有一些根本没有机会使用的东西，然后再找到这东西的“朋友们”，当发现这个东西的“朋友们”有很多时，就需要开始进行系列的清理。

其次，在你考虑要不要多加一样物品时，首先要确定它对你需要完成的任务来说是不是A类物品，如果是就考虑添加，那么与它有关的物品也可以考虑放置进去。

第三，生活环境的极简性。

大名鼎鼎的美国苹果公司的联合创始人史蒂夫·乔布斯在生活中就是一个奉行极简主义的人，他的屋子里只有一张爱因斯坦的照片，一盏普通的灯，一把椅子和一张床，在这样简单的环境中，乔布斯却觉得自己的专注力与生活状态都达到了一种十分舒适的水平。

我的朋友晓艾与之截然相反，她的屋子总是乱糟糟的，物品总是东一件西一件地隐藏在各个角落里。晓艾发现她不仅经常找不到自己需要的东西，在房间里还常会被各种各样的物品绊到，等等。

我们曾经提到如何快速进入睡眠状态，其中最重要的一点就是使环境处于适于睡眠的氛围，乔布斯等成功人士大多喜欢简单的生活环境，这不仅有助睡眠，也会让自己的思维专注不受别的东西干扰。

虽然大部分人做不到像乔布斯那样一把椅子一张床过一生的生活，但是最起码可以先做到房间整洁与物品归类。井井有条的生活对捋顺我们的思路有利，太过混乱的环境会让大脑混乱，因此注意保持生活环境的极简性十分关键。

_5

你被手机困住了吗

几个月前，一向身体健康的王川突然住进了省中心医院，被医生确诊为脑出血。

脑出血，一般只有年纪大的人才会发病，可是王川才不过 35 岁，就已经因严重的脑出血而住院，同病房的病友也有不少年轻人。随着现代生活节奏的加快，年轻人常年熬夜、作息不规律、工作压力大、缺乏锻炼、饮食不均衡等原因，导致脑出血等老年病也越来越中意年轻人。

王川转危为安后说，他平时工作繁忙，在工作之外又十分沉迷电子游戏，经常熬夜到凌晨，随后早起去上班，这么多年来他都是这样度过的，手机更成为他生命中不可或缺的一部分。

但是长期沉迷于手机的坏处却是显而易见的，不断缩减的睡眠时间使人体的免疫力大幅下降，患病的概率也大大增加，整天刷手机使人们无暇与亲朋好友交流沟通，导致关系疏远，人也越来越自闭，除手机之外的东西也很难引起我们的兴趣了。

据调查研究显示，90后是与网络一同成长的一代人，其中网民占了总数的78%，因玩手机而凌晨两三点才睡的现象十分普遍，几乎所有的年轻人都曾有过这样的经历，而且票选当今最受欢迎的娱乐项目排在榜首的就是上网。

上网冲浪有利有弊，但是对于正在成长中的青少年来说，如果没有较强的自控力，那么弊肯定是大于利的。而作为网络的载体，玩手机也是很多青少年无法拒绝的诱惑。

如今越来越多的人意识到了玩手机的危害性，“不做手机的奴隶”也成了年轻人的新口号，但实际行动却比喊口号难得多。那么，我们究竟该怎样改掉沉迷手机的坏习惯呢？

最重要的是，我们要先认真地审视自己，为什么会如此沉迷于网络呢？

首先，人都有“趋利避害”的本能与“猎奇心理”。

虚拟的网络世界会给人们满足感，会让人接触到高频率、高强度刺激自己的新鲜事物，并且不需要耗费太多的脑力与体力，可见上网冲浪是一项“轻松且愉悦”的活动。

网络之所以吸引人，最大的原因就是人具有“趋利避害”的本能，会自然而然地选择有利于自己的活动，比如说不耗费大脑地玩手机。而一些需要动脑并专注来完成的学习和工作，和玩手机相比吸引力就变得微乎其微了。要想改变这种状况，就必须让内心的渴望和外在的动力压制住身体的惰性。

我的一个朋友经常晚上打游戏到凌晨，为了他的身体健康，家人和朋友都曾劝过他，但是一点作用都没有，然而在众人都无计可施的情况下，他却戒掉了游戏。

促使他戒掉游戏的原因其实很简单，就是他所在的公司破产了，他失业了，生活的压力促使他不得不戒掉了沉迷多年的爱好。

“失业在家”这个外在动力很容易就压制住了身体与大脑的惰性，由此也能看出，很多人之所以戒不掉网络的原因，往往就在于并没有到山穷水尽的地步，因此可以一直如温水煮青蛙一样糊涂度日。

通常只有我们遇到强烈的刺激，如升学、升职失败，患病，经济紧张，自我意识的觉醒或者与领导、朋友、家人出现矛盾冲突等情况时，才会想要做出与之前截然不同的改变，这时候不仅是戒网，甚至一些多年来的坏习惯都能统统改掉。

其次，不习惯孤独感，将手机错认为“知己”。

有一项调查指出，“宅在家中的年轻人”的人数正呈现出上升的趋势，甚至已经有渐渐赶上邻国日本的趋势。似乎从这点来看，当代的年轻人越来越习惯于独处，可是现实并非如此，他们之所以会心甘情愿地宅在家中，最主要的就是玩手机代替了与亲朋好友的日常沟通。

如今，手机已经不是一个简单的通信娱乐工具，在一些人的眼中，它似乎变成了“活生生的人”，一个可以与自己沟通的人。

这归根结底还是因为手机里安装的APP越来越多。我的朋友小暖就曾抱怨她在某一天非常孤独，其实这一天的她与往常并没有什么不同，依旧是一个人吃饭，一个人下班，但是她坚持认为之前她的内心并没有任何孤独的感觉，而这一天却不同往日，似乎有一种排山倒海般的孤独感彻底淹没了她。

原因其实很简单，就是她的手机被拿去维修了，她缺了手机的陪伴，所以感觉到十分“孤独”。

对于小暖来说，手机是她的一位朋友，能够一天24小时陪伴她，所以对手机的依赖感会越来越严重。

在遇到这样的情况时，我们就应该审视自己，自己与外界的联系有哪些？有自己亲密的朋友吗？有自己需要陪伴的亲人吗？有自己无比热爱的东西吗？在这一天里，我们都与哪些人有过交流，共花费了多长时间？

然后我们再开始一一回忆自己的正常生活，通常沉迷于手机的人有这样的特点，在空闲时间里没有自己想做的事情，与外界的联系较少，与亲朋好友的关系不够亲密。

当我们发现自己出现这样的问题时，就要注意一下自己有没有“社交恐惧症”，还要提高自己对亲情与友谊的珍视度，避免因为沉迷手机而与亲朋好友逐渐疏远。除此之外，我们还应该恪守用餐礼仪，在有长辈参加或者正式场合下不要玩手机。

最后，对人生规划迷茫，不善于利用自己的碎片化时间。

在当今社会，一些年轻人对自己的人生规划十分不清晰。我们时常会听到“学这些有什么用，将来也不一定会用到”“现在年纪已经大了就不要再乱折腾了”“我没有梦想，只想混吃等死”这样消极的话。人生目标不清晰的人十分容易陷入颓废的温床之中，而手机就是在这个温床中最唾手可得的物品。通常在我们不知道下一刻需要做什么时，就会选择浏览不用费大脑思考的网络来麻痹自己，这种情况一旦开始，要想控制住自己就需要极高的自控力了。

本来想要提高自控力和专注力就是需要通过降低上网的频率来加强的，而一旦当我们处于颓废之中，感到人生迷茫时，就很容易被手机诱惑。所以，为了避免让自己陷入这样的境地，我们从最开始就要为自己找到一个明确的人生目标，即使最初找的并不准确，也不要气馁，因为可以通过后期逐渐修正方向来达成目标。切记，一定不能在一开始就让自己过度闲适。当我们找到了自己的人生目标后，那所拥有的碎片化时间对我们来说，就是一笔宝贵的财富，我们可以在这些时间中做有意义的事情来提升能力。

对症下药，在了解了我们究竟是因为什么才沉迷于手机之后，才能找到合适的方式将自己拉出无尽的网络世界。

第一，我们要采取外力手段来自我克制。

手机最大的特点就是它的“易得性”，因为它便于携带，随时随地都可以拿出来浏览，所以加重了我们对它的依赖性。其实，将手机放到看不见的地方是减少玩手机频率的最有效手段，除此之外，也可以将手机提示设为静音，或者是断了无线网络等，但是这些都是在处理紧急事务不希望被干扰的前提下使用的方法。

第二，我们不能将手机作为排遣孤独的唯一措施。

大多数人沉迷于手机，就是被一些一闪而过的聊天信息以及一些素不相识的人发的无关紧要的动态吸引了，虽然这些看起来让我们与别人的距离十分接近，但是事实上，如果没有现实的支撑，这种距离依然是陌生人与陌生人的距离。

我们在沉迷于玩手机时，也正在将与别人之间的关系拉远，实际上面对面沟通才是增进感情最有效的方式。我们可以选择约朋友一起逛街娱乐，与家人认真地吃一顿饭或者出去结识一下新的朋友，这些都是缓解手机依赖症的方法。请记住，注意现实生活中的感情交流是非常重要的。

第三，适当给自己反馈。

在我们渐渐不再沉迷网络的时候，或许会迎来一段崭新的生活，若是这种生活是我们之前一直渴求的，那么我们就会对它上瘾，从而戒掉对网络的瘾。

因此，我们要记住自己所获得的正反馈，比如说良好的睡眠、日益改善的人际关系、有效利用的碎片化时间，这些都是摆脱网络依赖症后带来的好处，不断地用这些来告诫自己，我们才不会将一切推倒重来，又回归之前的生活。

记住，控制住自己对手机过强的欲望，才能走向由自己掌控的生活。

_6

刻意练习

周理是一家公司的老员工，他在公司经手了不少的项目，但是近年来却越来越觉得力不从心，因为他发现有一些新来的员工在工作了几个月之后，工作能力竟然已经渐渐追上了他。周理对此十分纳闷，大家都是层次相近的学校毕业，又都是相同专业出身，为何他多了那么多年的工作经验，工作能力却并不比新员工出色？

周理曾经不止一次向我抱怨，他曾经花费了很长时间在一个工作项目上，可到头来这个项目却一点起色也没有，究竟是哪里出了问题呢？而且自己的工作效率与学习能力也并没有得到多大的提升，时间难道就这样白白浪费了吗？这其中究竟有什么不为人知的原因呢？

周理一直奉行“一万小时定律”，同时也认为，在一个专业领域，花费更多时间的人会比只有少量时间投入的人更为出色，因此当他以为自己已经有了多年累积的经验，理应比初出茅庐的新员工能力更强，然而事实却并没有如他所愿时，他受到了挫折，甚至开始怀疑“一万小时定律”是否有效。

专题

一万小时定律

“一万小时定律”是由作家格拉德威尔在《异类》这本书中提出的，他曾说：“人们眼中的天才之所以卓越非凡，并非天资超人一等，而是付出了持续不断的努力，1 万个小时的锤炼是任何人从平凡变成世界级大师的必要条件。”

…

经过很多人的探索，大家渐渐默认了一个事实，如果每一天工作 8 个小时，一周工作 5 天，那么成为一个领域的专家至少需要 5 年。举一个例子来说，你要成为一名优秀的建筑师，你需要在建筑行业花费 1 万小时的时间，这样你才能够有所成功。

我们都知道，经验也是能力的一种，经年累月堆积来的经验确实能够拓展人们的思维，帮助人们规避不少错误，让人们发挥出自己的能力。但是“固有经验系统”也有它的缺点，如果过于依赖大脑里的经验系统，就会自动选择省时省力的方式来解决问题，但是这样做的结果是，通常人们只能解决之前曾遇到过的问题，而对后来新增加的问题往往会束手无策。

就像是你之前接手过某一个项目，之后再遇到相同的问题时，你大脑中的固有经验系统就会趋利避害，选择用之前用过的模板来解决项目问题。这样做并不能说错了，因为你会中规中矩地完成这个项目，但是缺陷就是缺乏创意，长此以往，经验系统只有这套模板得到了锻炼，其他能力自然得不到提升。

很显然，如果只靠这个局限性很强的“固有经验系统”工作自然是不完善的，因为凭借着“经验系统”堆积出来的工作时间其实不是有效时间，不能算在这一万小时之中，这一万小时中的时间最主要的还是依靠我们大脑中的“认知分析系统”。

以周理为例，他在接手一个工作项目的时候，第一选择就是让大脑的“固有经验系统”发挥作用，根据以往的经验来完成项目。这是一种无意识的工作状态，过程轻松但是收获的知识和能力较少，因此他虽然时间用得比较少，看上去似乎能力更强，但是事实却并非如此。而他的同事在接手一个工作项目时，会切换到有意识的学习工作状态，努力去发掘新鲜事物来扩充自己的知识库，这一过程虽然不轻松，但是收获的知识和能力却大大增加。

这种有意识的学习工作状态要依靠我们大脑的“认知分析系统”，而增强大脑的“认知分析系统”最关键的一点就是刻意练习。

刻意练习是美国佛罗里达州立大学的心理学家安德斯·埃里克森率先提出的，如下图所示。

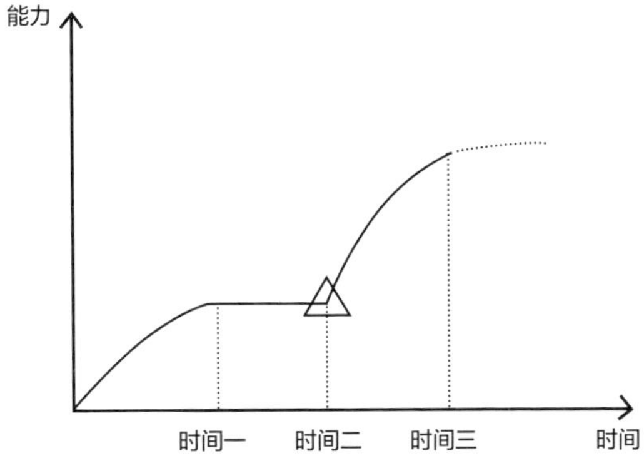

时间二为刻意练习开始的时间点

在时间一到时间二这段时间内，不需要采用刻意练习的方式，只要花费时间，完成这个目标的效率就会大大增加，但是接下来，在时间二到时间三这个时间段内，我们会陷入一个瓶颈期，在这个瓶颈期内，如果我们接着采用无意识的玩乐状态，我们的个人能力就会一直处于无法提升的状态，接下来如果不做出改变，个人的能力就会止步于此。

因此在时间二这个时间点，我们大多数人都会发现只依靠自己的“固有经验系统”已经没有作用了，这个时候就是“刻意练习”发挥功效的时刻了，只有通过刻意练习，才能度过这个瓶颈期向更高的平台迈进。

怎么才能进行有效的刻意练习呢?

首先，我们要完善细节，远离得过且过的态度。

《中庸》一书中曾经说过，“致广大而尽精微”，要做成大事，就要在细节上尽善尽美，刻意练习中最重要的一点就是完善细节，远离得过且过的态度。

孟凡在工作中就经常在细节上含糊，比如他接手一个工作项目后，每次遇到需要查资料的时候，他会先在脑中搜寻一下，一般在找到相类似的问题时就会凭着自己的记忆来完成任务，不再继续查询资料。然而一些同事却会花上很多时间通过各种渠道查找资料。虽然孟凡做出来的效果和同事做出来的效果差不多，但是他头脑中的资料储存会有一个枯竭期，而同事却在源源不断地补充知识和资料储备，并触类旁通。

这只是一处小细节，还有其他的细节孟凡还没有注意到，他只注意到了他花的时间，而没有注意到这些需要不断完善的细节，这些细节才是拉开人与人差距的关键。

当我们注意到自己经常说“差不多得了”“这点无所谓”“看上去都一样”这些话的时候，我们就没有处于刻意练习的状态中，而是依旧在无意识的玩乐状态中徘徊，这将是我们迈向更高层次的绊脚石。

其次，我们需要内在驱动力，跳出自己的舒适区。

在众多行业领域中，一个顶级专家与普通人员最大的不同便是前者喜欢不停地处理不擅长的事件，而后者则是喜欢在自己的舒适区里重复做事，大部分普通人都是如此，他们更喜欢做一些没有难度的事情。

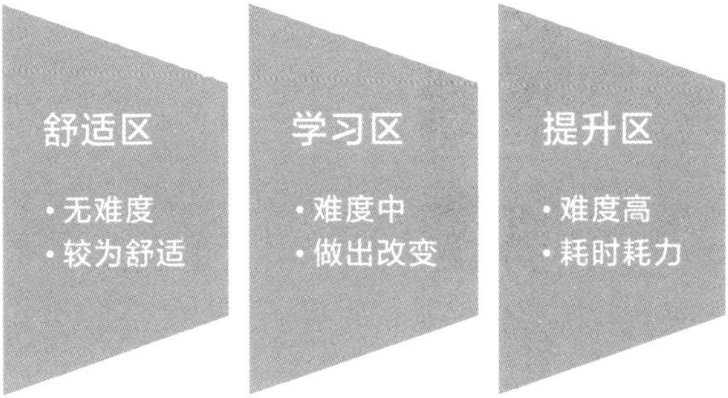

刻意练习的关键就是“跳出自己的舒适区域”。心理学家曾经针对人对知识和技能掌握程度的不同，来划分舒适区、学习区、提升区。处于舒适区就是在重复地做擅长的事情，没有太大的难度；提升区就是突破了自己的瓶颈，在进行刻意练习的过程中提升自己；而两者之间的学习区其实就是一个过渡区，在这个区域里我们开始反思自己所处的舒适区的弊端，而对前面的提升区产生了渴望。

在学习区内缓缓增加练习的难度，才能走出舒适区，迈向提升区。

我的朋友周理现在就是处于一只脚跨入学习区的状态，他已经开始审视自己所处的状态是不是太过舒适了。一般在意识到自己的能力没有提升时，就拥有了突破舒适区的想法，但是只有想法还不够，我们必须获得强大的内在驱动力才能让另一只脚跨入学习区。

我们要问自己的目标是什么，是荣誉还是金钱，还是可以拥有用武之地，我们距离这个目标还有多远。比如说一个篮球运动员想要打进职业联赛，他就不可以三天打鱼两天晒网地练球，一个想要成为行业专家的人，就不能逃避现在所遇到的种种困难。

最后，我们要寻求别人的帮助，避免闭门造车。

一般在朝着一个目标前进时，有时也会走入一个死胡同里，当处于这种状态中时，我们就相当于没有了反观自身的镜子，看不到自己究竟在做什么，等于将自己放在了一个黑暗的环境中，得不到一丝一毫的反馈。

反馈对于刻意练习来说，就是一盏指路的明灯，它一般由老师和朋友提供，这样我们才能知道自己做得究竟好不好，还有哪些问题需要改正，凭借这些反馈我们才能够更好地了解自己。

在我们了解了这些练习结果之后，才能够刻意地训练自己避免这些错误并弥补不足，这才是真正的练习。如果只是一味地接受反馈，而没有一丝一毫的改变，那么这种反馈就没有任何意义，只有针对自己错误的地方做出改变，我们才能取得进步。

孟凡最初也喜欢闭门造车，但是之后他做出了改变，他向同事与上司征求意见，在知道他们对自己工作上的看法之后，才恍然大悟，原来之前工作效率确实出现了问题。后来，他总结了之前的教训，工作终于获得了突破。

可见，摆脱无意识的工作学习状态，进入刻意练习的状态是至关重要的，这样我们才能离开舒适区，走向提升区。

精力管理 硬核指南

● 与目标无关的“重复无效思维”经常会占据人的大脑，使人对目标的专注度大大降低，而运动会大大减少这种“重复无效思维”的产生与循环。

…

● 适当及时的整理手机 APP 及电脑软件，减少电子产品的干扰，减少大脑的负荷，注意力才不会被时不时打断，才能更好地专注于目标本身。

…

● 在我们加速前进却不堪负荷的时候，应该增加“逸”的时间，而在我们停在路上的时候，则应该增加“劳”的时间，合适的“劳”与“逸”的比例才能让我们的工作学习更为有效。

…

● 如果大脑没有将注意力及时拉回来，那么重新聚焦注意力就会难上加难。遇到这种情况，我们可以采取“极简主义”的方式来解决干扰的问题。

…

● 这种有意识的学习工作状态要依靠我们大脑的“认知分析系统”，而增强大脑的“认知分析系统”最关键的一点就是刻意练习。

精力管理 硬核笔记

ONE

1.
2.
3.

TWO

1.
2.
3.

THREE

1.
2.
3.

FOUR

1.
2.
3.

FIVE

1.
2.
3.

第五章
Chapter 5

把精力聚焦，才会使情绪远离纷乱中心

_1

不做“缺陷思维者”

处理事情时，每个人都有自己的思维方式，有些人固执执拗，有些人圆融变通，还有些人便是顺其自然无为而治，这些不同的思维方式显现出了人的差异性。但在工作中，有些“缺陷思维”是我们应该避免的，因为这些缺陷思维会将我们推向生活的深渊。

其实，大多数人或多或少都有一些缺陷思维，轻微的缺陷思维无伤大雅，并不会对生活造成太大的影响，但是拥有严重缺陷思维的人，他们的生活与工作都会不可避免地与正常人产生差异，这些人可能经常会出现情绪失控、能力下降等一系列问题，这些都是需要我们特别警惕的。

我的朋友周涛曾经就是这样的“缺陷思维者”。他本来是一名普通的公司白领，在工作上既不突出也不落后，可是在经历一场家庭变故之后，性格出现了改变。起初周围人对他的改变都没有注意到，直到后来他的性格缺陷表现得越来越明显，行为处事越来越极端，甚至有一次在办公室，他的情绪突然开始不受控制，突然大哭大闹，让其他同事无法正常工作后，他身上的问题才引起了重视。

后来他经过了较长时间的心理咨询治疗之后，生活才慢慢步上了正轨。

这种情况是一种非常极端的情况，当我们的思维受到大幅度的影响之后，行为便不受控制地出现偏差，大脑会被一些纷杂无用的思绪挤占，专注力也会迅速下降。所以，我们要在缺陷思维最初发展时就将其控制住，才不至于在最后事态无法控制时追悔莫及。

那么，普遍的“缺陷思维”有哪些？我们又应该如何应对这些缺陷思维呢？

第一，全或无思维。

周涛就拥有很严重的“全或无思维”，他经常把任何事情都看成是“非黑即白”的，如果某件事情做得不好，他会认为这件事基本上等于没有做，接着会否认掉之前的所有努力。比如，上司交给他一项工作，他如果在完成工作的最后一步犯了错，导致没能很好地完成，那么他就会觉得这项工作做得一无是处，即便他曾为此付出过很多努力，以及做出了很大贡献，他的内心依然会产生一种消极的想法，即“我实在是太没用了，这点事情都做不好”。他甚至从不会产生“就差一步就可以完成了，再把最后强化一下就成功了”的积极想法。

所谓“全或无思维”就是用“非此即彼”的角度看问题，这两者之间没有一丝缓冲的地带。具备这种思维的人一般都是能力不足的“完美主义者”，他们为自己制定了太多的要求，每一处细节都要做到完美，不然就会烦躁不安。拥有这种思维方式的人，往往到最后会发现自己有大部分事情都做不到，内心会因此逐渐变得崩溃，到最后甚至会产生自暴自弃的心理。在这种情况下，他们特别容易走向极端。

第二，夸大或弱化思维。

大部分人都会不经意地夸大成就或者弱化缺点，但如果这种思维不受控制地越来越偏离正常值，就会产生其他意想不到的结果。

我的朋友梦美就属于会经常性夸大事情的有害程度的人。前不久，我们几个朋友一起去吃饭，在服务员上菜的过程中，梦美为了躲开菜盘，而不小心将餐厅的茶杯打碎了。原本这没什么大不了的，只需要赔偿一点钱就可以了，但梦美心里却不这么想。她非常懊恼，甚至联想到最近一段时间的各种倒霉事，她觉得都是自己太没用，才会做什么事情都倒霉，做什么事情都不成功。最后，在整个就餐过程中，她还是纠结“怎么就这么不小心，打碎了杯子呢”等等。

拥有夸大思维模式的人，往往都会像梦美一样，能够从打碎杯子这一件小事衍生到生活中的方方面面，从而产生对自己的厌弃，直到最后对自己的全盘否定。

还有一点就是弱化自己的能力，我的同事李娜属于这一种情况。当上司交给她一项全新的工作项目之后，她会经常性地手足无措，认为自己的能力不行，无法胜任这项工作，即便她的能力已经很棒了，足以做好各种事情，可她还是会首先否定自己。除此之外，她在尝试其他任何新鲜事物时，也会本能地不断向后退缩，因为她在潜意识里就认为自己能力不行，做不成任何事情。

这种“夸大或弱化思维”容易使人摆不正自己的位置。试想一下，如果我们一味地退缩，那么最后自然无路可走，肯定也做不成任何事情，甚至连正常的生活都会出现问题。

第三，非理性思维。

亚里士多德曾经写过这样一句话：“情感是所有这样的感觉：它们改变着人们，影响着人们的判断，并且还伴随着愉快和痛苦的感觉。”确实如此，感情可以轻易地影响着我们的判断能力，在大部分情况下，感情用事经常会耽误一些重要的事情，如果一个人不够果断，总是犹犹豫豫，当断不断反受其乱就是最有害的结果。

情绪化地处理事情会使我们忽略很多重要的事情，通常我们会把自己的情绪与他人的情绪进行对接，然后习惯性地认为别人也是单纯用感情与自己沟通。以周涛为例，当他因为工作态度不够认真而受到领导批评时，他认为是领导故意针对他，而不是领导对客观事实产生的正常反应，而且在之后遇到低声说话的同事时，他会疑神疑鬼，怀疑同事是不是在背后说他的坏话。

“过度的反应”就是情绪化处事最直观的反应，当我们自己用情绪化的“非理性思维”来思考问题时，通常会认为别人也是感情用事，但是事实并非如此，别人可能只是理性地指出问题所在。经常采取“非理性思维”来看待问题的人会经常曲解他人的意思，更有甚者会慢慢地否定自己的价值，从而越来越没有办法理性思考。

第四，偏执错误思维。

有时候，在事情的最后结果还没有出来时，我们会率先对结果进行预估，很多时候会偏执地认为这件事已经失败了，结果已经没有悬念了。

在生活上，我们有时候会错误地判断别人的态度，在别人还没有与我们沟通时，就认为别人可能很不喜欢自己或者对自己有偏见。这些都是建立在主观感觉的基础上的，并没有太多的实践支撑，可是我们依旧十分偏执，认为事实一定是这样。

如果预估未来的结果是好的，那么会提升人的信心，但是大部分拥有“偏执错误思维”的人，通常对结果的预估都是不好的，这无疑会极大地打击他们的自信心。我的一位朋友是做广告策划的，她在做策划案时，经常会遇到一个问题，即当她做到一半时，会悲观地认为这项方案不会通过，或者即使通过在市场上也不会引起太大的反响，而这些想法的最直接影响就是她在做策划案时，经常会踌躇不前，最后很难成功，而这也直接导致了她在公司的岗位竞争中一直处于不利地位。

其实，全或无思维、夸大或弱化思维、非理性思维、偏执错误思维都是“缺陷思维”，这些思维如果控制不当，就会像前文提到的几位朋友一样，对生活和学习产生恶劣的影响。

那我们究竟应该如何调控这些“缺陷思维”呢？最主要的就是需要建立一套属于自己的思维模式，这一套思维模式因人而异，但是总体上可以归结如下：

缺陷思维调节模式：认识事件—整理想法—识别缺陷思维类型—进行自我对话—新建正确思维。

以“全或无思维”举例，当我们开始单纯用“对错”“好坏”来评价一件事或者一个人时，这时可能就已经有了一种“全或无思维”的倾向，如果这种思维进一步拓展，很有可能会陷入困扰之中。

一般到这一步的时候，我们可能就已经认识到自己的缺陷思维了。此时，我们可以选择与自己对话，从相反的方向来反问自己：“这件事真的只是单纯的错了吗？难道我们从中不可以发现一些经验教训吗？”“难道我们事事都要做得那么完美吗？”“人真的只有好坏之分吗？不可以有其他的评价方式吗？”

然后我们再来一一回答自己提出的问题，“即使有做错的事情，其中也有值得我们借鉴的地方”“没有完美的事情，每个人每件事都会有一些不足”“人不可以用非黑即白来简单评判，要具体情况具体分析”。

当我们开始在心底劝慰自己时，就已经避免了思维僵化，已经认识到了自己的缺陷思维，也开始重新建立起正确思维，而与自己对话的过程其实就是缺陷思维的倒塌、正确思维的覆盖过程。

其他的几种思维也可以用这种方式来改善，这套思维模式便是建立自己的固定思考方向，不过最重要的便是认识到自己究竟在何处有缺陷，只有能正确认识到自己的不足，才能更好地改正自己的缺陷思维，避免走向极端。

_2

停止只关注“消极情绪”或“积极情绪”

情绪是我们每时每刻都在产生的，只要我们处在环境之中，周围的事物就会引起我们各种各样的情绪，随着环境的改变，情绪也会不停地变化，大体上情绪分为积极情绪与消极情绪两类。

拿破仑曾经说过，能够控制好自己情绪的人，比能拿下一座城池的将军更伟大。有些人可以很好地掌控这两者之间的关系，让这两种情绪处于一种动态的平衡之中，但是有一小部分人的情绪经常处在失衡的情况中，他们被单一的消极情绪或者积极情绪推着前进，最后情绪失控，做出不可理喻的事情。

在我的周围也有一些这样的人，他们上班时萎靡不振，提不起半点兴趣，下班后却生龙活虎，比工作时的状态不知好了多少倍。不过，在遇到自己喜欢做的事情时，总能出色地完成，比如在领导要他为公司组织一场团建活动时，他就能将所有流程安排得井井有条，让人十分满意。但是在做其他工作时，却总是做不到拼尽全力，即便最后也能按时完成任务，但从工作状态就可以看出他经常都显得心不在焉。究竟是什么原因导致人会出现这两种截然不同的状况呢？

就情绪方面来说，在工作上萎靡不振是由于消极情绪战胜了积极情绪，导致整个人被惧怕、厌弃、退缩之类的消极情绪影响，自然没有办法达到自己的最佳水准。而在其他方面十分优秀的原因便是积极情绪战胜了消极情绪，在这种情况下，其情绪达到了巅峰状态，能力就会发挥到较高水平，完成目标自然得心应手。

那什么是消极情绪？什么又是积极情绪呢？

消极情绪：一般指在受到负面刺激时，机体产生的不利于自己正常思考的情感，包括恐惧、悲伤、愤怒、贪婪、痛苦、嫉妒、仇恨等。

积极情绪：一般与消极情绪相反，指在受到正面激励时，机体产生的有助于自己正常思考的情感，包括爱、希望、同情、乐观、自信、忠诚等。

不管是消极情绪还是积极情绪，总的来说都是人体与生俱来的情绪，但是这些情绪仍旧可以分为正常情绪与不正常情绪。

正常情绪：有适当的原因和反应适度的情绪。

我们在工作中遇到困难时，可能会产生懊悔与轻微恐惧的情绪；在遇到特别高兴的事情时，会产生喜悦愉快的情绪：这些都是特别正常的反应。因为这种情绪的产生有足够的动机与诱因，而且情绪具有暂时性，基本上在一段时间之后就会渐渐消失。

非正常情绪：没有适当的原因和反应过度的情绪。

一些无缘由的情绪爆发，如莫名其妙地哭泣大喊，这些情绪的产生都没有缘由，基本上没有一点征兆，有的人就会突然被逼到情绪崩溃的边缘，这样过度的反应显然是不正常的。

成功者总能控制自己的情绪，失败者被自己的情绪控制。在了解积极情绪和消极情绪、正常情绪与非正常情绪之后，我们就应该考虑如何调节自己的情绪。

首先，我们要认识到情绪具有复杂性、多样性和不稳定性。

正常的情绪一般具有明显的外部表现，但是有一部分内敛的人会刻意压抑自己的情感，来隐藏自己的情绪。我认识的一个 Y 先生，在我们这里是出了名的“好脾气”。他在工作上不争不抢，在为人处世上不喜不悲，虽然很少与人有矛盾，但是也没有太多交心的朋友。

Y 先生认为表达自己的情绪是不礼貌的，他甚至没有意识到敢于情绪外露才是人的正常反应。情绪本来就具有复杂性，经常由多种情绪混合在一起产生“复合情绪”。情绪还具有多样性，积极情绪与消极情绪包含着各种各样的情绪，种类数不胜数。情绪更具有不稳定性，它的变换过于频繁，甚至在数十秒的时间内就可以切换到一种截然不同的情绪。

如果我们没有认识到情绪的这些特点，认为这些表露出来的情绪是一种不正常的状况，从而动用太多大脑的自控力来控制情绪，这才是不正常的做法。在大部分情况下，高兴时开怀大笑，悲伤时放声大哭，这些外露的情绪可以更好地释放出人的压力，调节人的大脑机能。

其次，我们要认识到情绪的正面促进作用以及负面抑制作用，从而更好地判断情绪。

积极情绪有很强的正面促进作用，当大脑被积极情绪占领时，我们做事的效率以及能力都有很大的提升，人也精气神十足，乃至工作、考试都会有超水平发挥。

消极情绪有极强的负面抑制作用，使我们感到异常难受，甚至会影响到正常的活动，它不可避免地降低人的工作效率，有时甚至让人行为失控，做出遗憾一生的事情，最主要的是，它会极大地影响我们的身体健康，甚至导致疾病的发生。

所以，我们一定要关注自己的日常表现，如果经常性地做事低效，打不起精神，就要考虑自己是不是被消极情绪支配了。同时，也要关注身体健康状况，如果身体不佳，那么也应该认真思考是不是被消极情绪导致的心病影响了健康。

最后，如果消极情绪总是压倒性地战胜积极情绪，就应该选择合适的方式来调节情绪。

第一，回避法。

当我们在遇到“负面刺激源”的时候，身体内的消极情绪会不可避免地爆发出来，随着不断接触负面刺激源，消极情绪会不断增强，接触时间越长，消极情绪持续的时间也越长。

因此，降低消极情绪影响最好的办法之一就是采取回避法远离负面刺激源。

我身边有很多人总是触景生情，他们在遇到困难或者碰到能够扰乱自己情绪的物品时，会一直迈不过这道坎，从而陷在情绪泥潭中不可自拔。比如一位和我在业务上有往来的合作方就经常会因为一些伤心事或烦恼事而让自己困在悲伤、烦躁的情绪中，导致我们的工作流程无法顺利开展下去。他做不到及时有效地回避这些负面情绪，不能很好地转移自己的注意力，一直被消极情绪掌控。

其实，我们可以通过改变注意焦点的方式让自己回避负面情绪，比如在听到不爱听的话而又无法反驳时，可以考虑戴上自己的耳机听一首轻音乐，或者在看到自己不想看见的东西时，可以选择将目光放在别处，去看一部轻松的电影或者出去放松一下。

第二，采取心理暗示法。

心理暗示法也是驱走消极情绪的有效方法之一，它的核心就是从另一个角度找到事物的积极影响，然后用这些积极的想法来不断暗示自己。

比如，工作任务完成得不够出色，与他人相比有差距，却已是自己的最好水平时，就不应该再完全否定自己，不能说“我实在是太没有用了，什么也比不过别人”“我这个样子就是无论如何都追不上别人”，而应该用心理暗示的方式宽慰自己，“这一次已经比上一次进步了不少了，实在是超出了自己的预期”“就是真的达不到想要的效果，这接下来的后果也是自己可以承受的，没有什么大不了”。

这个适用于被过度的消极情绪包围的时候，是为了避免自己陷入长时间的自怨自艾中，如果在面对轻微的消极情绪时也使用这样的方法，反而会让人越来越失去向上的动力，所以凡事适可而止，找到最适合的一个度来调控情绪才是上策。

第三，采取合理发泄法。

消极情绪郁结在心中会导致人的心理出现问题，就像是毒素堆积在自己的身体中，会威胁到人的健康，此时最好的方式就是将“消极情绪”释放出来。

众所周知，大哭一场会让压力得到释放，它是人摆脱消极情绪最快速的方法之一，一般在适当的场合哭出来会让难过的心情平复不少。除此之外，我们还可以通过向他人倾诉的方式来缓解自己的消极情绪。

更重要的是，我们可以进行舒缓的、可以放松心情的运动，或者是剧烈的无氧运动来发泄自己的情绪。在前文中我们已经提到了关于运动的好处，这里不再做详细说明。

总而言之，我们要使身体产生的积极情绪大于消极情绪，这样大脑才不至于混乱得不听使唤。这期间，我们可以通过回避法转移注意力，用心理暗示法以及合理发泄法来应对，这样才能使积极情绪以压倒性的优势战胜消极情绪。

_3

排除“错误个人化”和“错误他人化”

在工作生活中，我们经常会遇到这样的问题：一个工作小组在商讨企划方案时，期间出了一些问题，导致结果不太完美，这时候大家就要开始寻找错误的原因。

其中有一类人喜欢把错误归结到自己的身上，“肯定是我做得不好”“都怪我都怪我”“抱歉，给大家添麻烦了”等是他们最常说的话。还有一类人喜欢把错误完全归结到别人身上，“你不行，就是你做错了”“都怪你，要不是你我们也不会有这么大的损失”等是他们标志性的语言。

只要人生活在群体之中，以群体为基础开展活动，就不可避免地会在遇到问题时需要“认领错误”：这个结果究竟是谁的错呢？

在我们公司实习的陈维与古利曾经是一对非常要好的朋友，他们一路从初中同班到大学同校，期间并没有发生过太大的矛盾。可突然有一天，他们却同时发动态说彼此已经断交。起初我们几个和他俩关系还不错的同事都没当回事，以为只是闹了些小矛盾，过几天就好了。直到后来，在我们再也没有看到他们两人一起吃饭后，才意识到了问题的严重性。

我十分纳闷关系曾经这么融洽的两个人怎么就形同陌路了呢？在与他们交谈之后，我才渐渐知道了其中的原因。

事情起源于一次订飞机票。两人所在的大学离家乡较远，逢年过节都需要提前购买机票，本来一直都是购买假期第一天的机票，所以陈维这次并没有打招呼，直接订了两张当天的机票。而矛盾也就因此产生了。

因为古利在假期第二天还需要参加一项活动，不能按照以往的时间回家，但是他因为熬夜赶论文而忘了给陈维发消息说明情况，陈维就按照惯例帮古利代订了机票。

大学假期正值出行高峰，两人因为订错机票而不得不退票重新订，可最终还是没能买到合适的机票及时回家。两人因此都十分生气，陈维认为古利并没有事先通知他，导致自己订错机票，而古利认为陈维应该事先问他一下再做决定。

这本来是一件小事，可最终却导致两人心存芥蒂，原因更在于陈维是一个喜欢将错误归结在自己身上的人，而古利却是一个喜欢推卸错误的人，两人原本也是相安无事，可是“订错机票”这个导火索却导致了陈维突然爆发，而古利依旧我行我素，最后两人翻起旧账，竟闹到了断绝关系的地步。

这究竟是谁的错呢？

其实这件事的错误并不能归结到某一个人的身上。如果陈维在购票之前能够提前问一下古利自然不会闹乌龙；同样，若是古利能够及时告知陈维自己的情况，陈维也就不会订错票了。

虽然并不能很好地判定谁对谁错，但是不合理地认领错误会导致一系列负面情绪的产生，完全将“错误个人化”，将错误归咎到自己的头上会使人产生沮丧、懊悔等负面情绪，而完全将“错误他人化”，一味地将错误归结在别人的头上，也会导致我们产生不恰当的情绪，比如对别人发脾气等。

此外，习惯“错误个人化”的人更容易走向极端，这类人在经历过重大刺激之后容易走向“错误他人化”这条路，这样事情就会变得更为棘手。

错误个人化：把错误归结于自身，是一种“以别人为中心”的表现，它的缺点就是太过关注别人的看法，标志性情绪是沮丧、懊恼。

错误他人化：把错误推到他人身上，是一种“以自己为中心”的表现，它的缺点就是对自己过于迁就，标志性情绪是愤怒。

我们在工作和生活中或多或少地都会有错误个人化与错误他人

化的倾向，在一些极端情况下，错误个人化与错误他人化可以同时存在于一个人的身上，这会导致情绪极不稳定，稍有不慎就会出现无法挽回的后果。

美国心理学家埃利斯有一个著名的 ABC 情绪理论。这个理论认为激发事件 A（即 activating event ）只是引发情绪和行为后果 C（即 consequence）的间接原因，而引起 C 的直接原因则是个体对激发事件 A 的认知和评价而产生的信念 B（即 belief），即人的消极情绪和行为障碍结果（C），不是由于某一激发事件（A）直接引发的，而是由于经受这一事件的个体对它不正确的认知和评价所产生的错误信念（B）直接引起的。

简单一点说，就是事情发生之后，不同的情绪会导致不同的结果，一个积极乐观的人与一个颓废沮丧的人在面对相同的情况时，事情的结果往往大不相同。

情绪则主要源自自己对生活的评价，有些人习惯往好的方向思考，有些人习惯朝着坏的方向思考。

就错误个人化和错误他人化来看，这两种都在向差的方向思考，如果不能及时纠正这样的看法，人就会朝着差的结果迈进，那我们究竟应该如何有效排除错误个人化与错误他人化呢?

埃利斯在 ABC 理论之后还提出了 DEF 的治疗措施，D（即 disputing irrational beliefs, disputing）是干预，E(即 effect）是效果，F（即 new feeling，feeling）是新感觉，在这里我们着重介绍干预法。

首先，我们要学会判断出自己的情绪，究竟是沮丧为主还是愤怒为主？

错误个人化的标志性情绪就是沮丧，人们在遇到因为自身的失误而导致团队合作的成果受到损害时，会不可避免地产生自责的情绪。随着事情严重程度与时间的推移，自责的情绪会不断扩大而变成沮丧，这时候我们会对自己的能力产生怀疑，会不断地反问自己，“我为什么这点事情都做不好？”“我究竟待在这里还有什么意义？”“他们虽然嘴上没说，但是一定不欢迎我”，这些负面的想法会一步一步地加重人的负面情绪。

与之相反，错误他人化的标志性错误就是愤怒，在我们认为是别人的错误导致失败时，就会对那个人产生怒火，怨恨他为什么不更仔细认真一点，这样的话，自己就不会遭受损失。此时，我们可能会说出一些刻薄的话或者做出粗暴的行为来表达愤怒。

在判断出自己的情绪之后，我们则可以将错误个人化与错误他人化对号入座，从而对自己有更好的认识。

其次，要认识到导致错误的原因是复杂的，错误个人化与错误他人化都不是主要原因。

单一的错误会导致完全的失败吗？可能不会。

完全的失败是由于大量的错误因子堆积在一起才形成的，就像是一艘环球航行的船，如果在路途中稍微偏离了一点位置，只要目标明确，它依旧会到达终点，除非它不断地偏离既定的航道，才会远离目的地。

个人的错误与他人的错误都不是做事失败的主要原因，它们只是导致错误的因素之一。陈维在与人交往时经常将自己放在一个比较卑微的位置，“都是我的错”这句话经常会从他的口中说出来，即使真的不是他的问题，别人也会习惯性将问题都推在他的身上，毕竟他自己都说“都是我的错”了，不是吗？那么其他人又何必再费力去其他人身上找原因呢？

习惯错误个人化的人的性格普遍比较软弱，并且会太过于在乎别人的看法，此类人应该适当地转换观念，提升底气，应该记住“这么多人一起完成的事情，怎么可能只是我一个人的问题呢”这句话，从外界找寻一下错误的原因，最好不要对一切错误指责照单全收。即使做不到有效反驳，也不需要一味委屈自己。当然，这是建立在致命性错误不是由自己产生的前提下。

最后，为了避免产生无法挽回的影响，人们要适当克制自己的情绪。

在意识到自己可能存在错误个人化或错误他人化的问题，且想要提前预防以免产生无法挽回的影响时，就需要克制自己产生沮丧与愤怒的情绪。

当我们习惯性地将错误归结到他人身上，而不可遏制地发怒时，最重要的一步是让自己停下来，不要立即去做让自己可能后悔的事。

陈维与古利就是在刚开始时没控制好情绪吵个不停，直到覆水难收。其实后来两人冷静下来都意识到了事情的严重性，但是伤人的话已经说了出去就很难挽回了，即使努力挽回，彼此的友谊也出现了裂痕。

据调查显示，类似愤怒这样的情绪是属于一种“短暂情绪”，这种情绪不是情感，它会随着时间的推移或者环境的改变而减少。所以，在意识到自己的愤怒时，最好不要立即去做可能让自己后悔的事，我们可以选择离开有当事人存在的环境，多做几次深呼吸，或者是让自己做一些与此事无关的事情。

第二步，当我们处在一个复杂的环境中，尽量不要将表情挂在脸上。

周围的人越多，我们失控之后做出的反常行为的波及范围就越广，因此当我们处在人多或者有重要的人物在场的环境中时，尽量不要将愤怒的表情挂在脸上。如果我们身处人员众多的工作场所，或是在有长辈或领导在场的情况下，切忌随意发泄自己的怒火，要做到尽量隐藏自己的情绪。

总而言之，排除错误个人化与错误他人化是防止情绪失控的关键，也让我们能更好地找到错误原因，从而不断改正，不断进步。

_4

用“呼吸法”与“冥想法”平复情绪

当我们遇到一些烦心事时，多做几个深呼吸总是能很快让自己冷静下来。例如，在上台演讲前，多做几个深呼吸也能减轻内心的紧张情绪。可见，适当的深呼吸对身体十分有益。

那么，怎么才能更有效地进行深呼吸呢？首先我们要注意以下几点：

第一，随时随地都可以进行深呼吸练习。

对于我们来说，深呼吸是不需要任何工具就可以进行的锻炼方式，但是一些肺部有疾病的人需要谨遵医嘱进行。

第二，用心关注自己的呼吸。

一般在剧烈运动之后我们会产生深而快的呼吸，但是那并不是一种放松的方式，而是因为缺氧带来的身体代偿方式。真正的深呼吸应该是缓慢而均匀的，在吸气过程中要尽可能地慢，让肺部气泡尽可能发挥作用，呼气的时候也要尽可能缓慢，两者的频率应该保持在“吸气5至10秒，呼气6至8秒”左右。

我们应该将注意力放在呼吸上，不要被别的东西打扰，而且在自己感觉状态良好时改为自然呼吸，过度深呼吸也对身体不利。

第三，选择合适的环境。

深呼吸时应该选择空气清新的地方，不要选污染严重的地方，更不要在有人吸烟的地方深呼吸，否则对健康不利，尤其会危害大脑健康。

第四，深呼吸结束后慢慢喝杯温水。

深呼吸后缓慢地喝下杯温水，会保护人的纤毛上皮组织，提高新陈代谢，也会帮助人平复情绪。另外，深呼吸可以用来缓解戒烟时的烟瘾发作导致的专注力下降的情况。

四角呼吸法作为一种特殊的深呼吸法，可用来让专注力由低谷再次转换到巅峰。

专题

四角呼吸法

四角呼吸法就是当我们的血压心率升高，肾上腺素释放增加，感到异常兴奋时，可以采取这种呼吸方法来让自己保持冷静。

首先，在自己的周围找到四个角落的东西，比如说大门、窗户，或者是图画、开关，然后就可以开始了：

第一步，看着左上角的角落，深深吸气并数到 4；

第二步，将目光转到右上角，屏住呼吸并数到 4；

第三步，将目光转到右下角，缓慢呼气并数到 4；

第四步，将目光定在左下角，默默地对自己说，“放松……放松……微笑”。

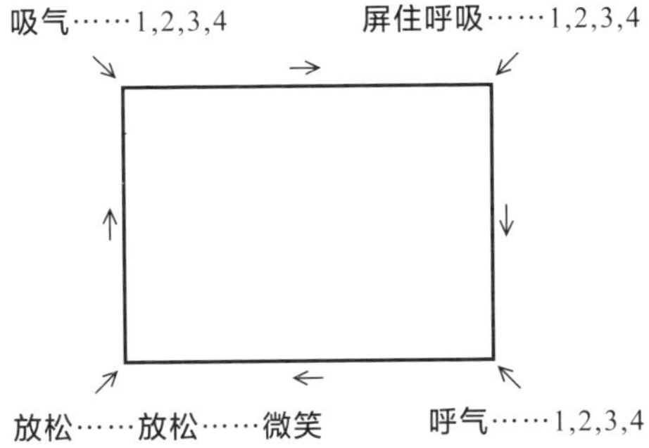

除了深呼吸之外，还有其他平复情绪的方式，如冥想法。

冥想是一种改变意识的形式，可以让自己“静下来”“慢下来”，它在我们的身体和情绪以及想法中产生一种“关机重启”的模式，此时外界的一切刺激我们都不再关注。

首先，我们要为自己设置一个时间限制。

冥想的大致过程是“坐下—闭上眼睛——一些杂念情绪纷纷涌出—清醒—提升”，在这一过程中，我们经历“归零效应”，即大脑中的杂念渐渐消除，但是这中间需要时间限制，不然就不是冥想而是发呆，或者是直接进入梦乡。

所以，我们要选择一个合适的环境，不能直接躺在床上或者选嘈杂的环境，否则容易睡着或者冥想被打断。

其次，我们要认识到最初的杂念是正常的。

出现杂念时不要打断自己，一些如悲伤、烦躁、寂寞、失落的情绪会如潮水般涌来，这时候千万不要结束！这些都是在冥想过程中必须经历的，在这些情绪离开我们之后，才是我们最为清醒的一段时间，这时我们内心最真实的想法就会蹦出来，从这个时候开始我们就开始与自己对话。

这个过程是“主动的”，我们主动释放自己的思维来与自己对话，而不是类似发呆那样的大脑放空毫无想法。当我们每天花费 10 至 15 分钟来冥想时，思绪会开始渐渐集中。

下面是一些常用的冥想法：

① 数息法。自己在心中默念呼吸的次数，在从 1 数到 100 时默念呼吸次数，单数“呼”，双数“吸”。

② 听息法。这种方法非常简单，适合在极其安静的环境下使用，就是听着自己的气息，在这一过程中摒弃所有的杂念，将注意力全部都放在自己的呼吸上。

③ 控息法。控制自己的呼吸，让它根据自己的节拍来出入，开始要慢慢地加快呼吸，然后深吸一口气降低自己的呼吸频率，如此循环往复。

④ 禅语入定法。在心中默念一句禅语，然后在大脑中联想这句禅语的意境，幻想自己正在那样的场景中端坐。

⑤ 随息法。核心即是自然地呼吸，放松自己的意念，让呼吸自然地出入，不要忽然过急过快地呼吸，要心息相依，意气相随。

_5

合理释放压力

在日常生活中，我们难免有时候会因为工作或学习而感到压力大。我身边就有这样一些人，他们或是因为考前未能及时做好复习，面对即将到来的考试心中没底，或是因为工作项目遇到瓶颈，未能及时解决，从而压力大到彻夜难眠。久而久之，这些人中就会有一些人因为压力过大无法释放而最终崩溃。在这种高压下，人的行为常会出现失常，这时不用说专注了，就连最基本的情绪都无法控制。

我曾看过一个关于麻省理工学院的报道：每当麻省理工学院的论文季到来时，一些压力过大的学生会反常地做出一些过激行为，有人会在图书馆、研究室当众大哭，更有甚者会吸食违禁药品来缓解压力。

随着越来越多的人因为压力大而患上抑郁症、焦虑症、躁狂症等，许多公司、学校、医院都设置了解压房。解压房，顾名思义就是释放压力的地方。在解压房，你可以通过破坏物品、号啕大哭或是安静地睡一觉来缓解压力。

面对无处不在的压力，我们除了去解压房之外，还有什么措施能释放压力呢？

在解答这个问题之前，首先，我们要明白人的压力究竟来自哪里。

所谓压力，就是一个人觉得自己无法应对环境要求时产生的负面感受和消极信念。简单地说，当你遇到自己解决不了的问题时，你的内心就会产生恐慌、疲惫、沮丧等一系列感受。

压力源主要分为三类：

外环境因素。例如强光、噪声、低压低氧的外部环境，有些人甚至在高热和寒冷的时候也会感觉到压力过大。

内环境因素。即是自身身体的原因，如低血糖或者高血压以及器官衰竭等缘故会导致某些人无法应对环境的要求，这个因素因人而异。

社会环境。这是比较关键的因素之一，例如外界的评价等。

压力有适度和过量之分，压力过大会导致精神障碍出现，而适度的压力则会促进身体循环，加强人的活力以及随机应变的能力。

大多数人在一对一应对面试官提问、上台演讲或者在不熟悉的地方发表自己的意见时，都会感到莫名的紧张。即使本身实力过人，在现场也发挥不出平常水平的一半来，这种情况就是将压力变成了负担，究竟是什么导致了这种情况的出现呢？我们又应该如何处理这种情况？

第一，从来就没有十全十美的事，要接受突发情况。

我所在行业的一位领军人物曾经分享过他初入职场时发生的糗事。在一次项目研讨会上，当时的领导心血来潮，点名让正在做笔记的他来总结这次会议。他战战兢兢地站在大家面前时，整个脑子一片空白，即使他记了满满一页的笔记，可让他当众总结发言时，他还是说不出话来。

过了很长时间，他才磕磕巴巴地说了几句话，而当他无意中注意到台下的一位同事竟然对着他露出了笑意之后，他后面还想说的话戛然而止，他以为同事是在嘲笑他，因而羞愧得再也说不出一句话了。

那件事让他耿耿于怀了很久，可是直到很久以后他才知道，原来当时对着他笑的那位同事并没有嘲笑他的意思，那位同事只是自己突然想起了一件好笑的事情，一时没忍住，这才笑了出来，结果却让他误会了很久。

在回忆起这件事时，这位领军人物摇着头道："当时我太年轻，总觉得要事事做得完美，其实这样反而不会事事如意。"

歌德曾经说过，十全十美是上天的尺度，而要达到十全十美的这种愿望，则是人类的尺度。在面对不熟悉的观众时，我们总想呈现出自己最完美的一面，大多时候即使我们做了大量的准备之后，上台时也难免会犹豫，若在台上遇到之前没有预料到的情况，一切就都乱套了。

有人曾说过，不管你多有钱，准备得多充分，糟糕的事都会如期而至，名人如此，普通人也是如此。

这种情况的“不确定性”是一块绊脚石，同时也是一块垫脚石，运用不好自然会导致压力过大，但是运用得当也可以提升自己的个人魅力。

第二，提高自己的承受度，减少内心的焦虑感。

大多数人在当众演讲时感到压力的最大原因便是“预知了自己的失败”，比如礼仪出现失误，不小心说错了话，以及担心在场的观众会嘲笑自己等，其实这些令人感到压力的东西并没有出现在现实中，而是提前出现在了我们的脑海中。我们认为这些事情在将来可能会发生，于是人体因这些幻想而做了错误判断，从而产生了本没有必要产生的压力。

至于如何缓解这种焦虑，大部分成功人士都认可一种方法，就是“提前演练法”。

提前演练就是在还未开始活动时，首先预判自己会发生什么样的错误，从而在大脑中不断地回想，刺激大脑中枢使其产生对场景的“抗体”，以后就会渐渐对这种情况免疫。

清朝末年有三位家喻户晓的梨园三怪，一是孟鸿寿，二是双阔亭，三是王益芬。

孟鸿寿患有软骨病，身体素质很差，历经千辛万苦成了丑角大师；王益芬自小就无法说话，也是历尽磨难才成了大名鼎鼎的武花脸；而双阔亭更是命运多舛，他因病双目失明，在舞台上一步不稳立刻就会倒在台上，自然会引起别人的嘲笑，双阔亭起初不敢上台，唯恐自己闹出笑话，可是他的内心却是无比渴望登上舞台唱戏。

在与内心压力做斗争的过程中，他想出了一个办法，就是幻想自己在台上每一个位置都发生了摔倒，然后再想象别人是怎么嘲弄自己的，想的次数一多，双阔亭竟然真的不在乎了！

最后双阔亭的压力渐渐减少，表演终于到了如鱼得水的地步，在台上寸步不乱，终于成了名须生。

在一个人独处的时候，可以多想几遍给自己带来巨大压力的场景，那些压力多会渐渐消失，不过前提是你必须做足充分准备去应对压力场景。

第三，当压力过于大而无法缓解时，考虑使用注意力转移法或者倾诉法。

① 注意力转移法。

近年来，一些稀奇古怪的解压房深受很多人的喜爱，比如发泄屋，里面所有的东西都可以随便砸，还有碰碰球屋，一些人穿着弹性十足的碰碰球，互相撞来撞去，不管你使出多大的力气，或者发出多大的尖叫，都不会有人来阻止你。

这些方式都是注意力转移法的表现，类似活动还有旅游、回到一个自己认为安全的地方等，甚至有一些人通过吃东西来转移自己的注意力，避免自己过多地沉浸在压力的情绪中无法自拔。

这些方式也是我的朋友们经常采用的方式。我的同事王路就经常去各个地方旅游来缓解压力，她的足迹已经遍布了祖国大江南北。俄罗斯教育学家乌申斯基曾经说过："注意力是我们心灵的唯一门户，意识中的一切，必然都要经过它才能进来。"而我们只有关上了属于"压力注意"的一扇门，再打开"其他注意"的一扇门，才能把原来的压力拒之门外。

②倾诉法。

压力是横在我们心口的一块大石头，如果不及时搬掉它，那么对身心健康都会造成不良的影响，而倾诉法是释放压力比较有效的方式之一。

林肯总统就是一个经常用写信释放压力的人，不仅如此，他还曾建议别人也使用这种方式。陆军元帅斯坦顿有一次十分愤怒地跑到林肯面前，说他的手下有一位少将言辞激烈地指责他偏袒别人，他因无端被指责而郁闷不已。林肯建议斯坦顿写一封尖酸刻薄的信回击那个人，斯坦顿在写完信后原本怒气冲天的情绪好了不少，可仍旧意难平，林肯笑着对他说："请再写一封吧。"

林肯所推崇的写信排解法不仅可以用来平息情绪，更可以用来释放压力。

首先，在我们选择倾诉对象时，要选择自己信任并且能够给予一定指导意见的人，如果没有，可以考虑用给自己写信的方式来释放压力。

其次，我们应该选择合适的时机，如果经常性地对别人抱怨，将朋友当成压力垃圾桶，这种行为是不可取的。

释放压力，要从认识压力做起，然后再采取合理的办法，这样无处不在的压力才不会打倒我们。

精力管理

硬核指南

● 我们要在缺陷思维最初发展时就将其控制住，才不至于在最后事态无法控制时追悔莫及。

…

●我们要使身体产生的积极情绪大于消极情绪，这样大脑才不至于混乱得不听使唤。这期间，我们可以通过回避法转移注意力，用心理暗示法以及合理发泄法来应对，这样才能使积极情绪以压倒性的优势战胜消极情绪。

…

● 排除错误个人化与错误他人化是防止情绪失控的关键，也让我们能更好地找到错误原因，从而不断改正，不断进步。

…

● 四角呼吸法作为一种特殊的深呼吸法，可用来让专注力由低谷再次回到巅峰。

第六章 Chapter 6

专注不是天赋，而是策略

_1

容许“出错率”

在工作或学习上，大多数人可能都经历过这样的事，当自己在完成某件工作项目时，越想不出错就越容易出错，当我们觉得已经万无一失的时候，最后还是有可能因为突发的变故而一败涂地。

每当遇到这样的情况，我们都会自责，是不是还有一些方面没有做好？而当我们反思发现并没有太大的问题时，反而会更加惶恐，甚至会将一切的缘由归结为能力不足：“肯定是我智商低，不然怎么会犯如此的错误？”

在物理学上有误差与错误两个概念。所谓误差，就是在准确测量的前提下，所测得的数值和真实值之间的差异，它是由于人的眼睛不能估算得非常精准或是仪器并没有测量得十分精确而造成的，所以存在误差是不可避免的。而错误是由于不遵循测量仪器的使用规则，或读取、记录测量结果时粗心等原因造成的。

错误可以避免，而误差不可避免，就拿专注度来说，随着刺激水平的降低或者增高，注意力都会出现衰退，虽然刺激水平可以人为地控制，但并不是可以随意控制的，因此专注度就不可能一直停留在“峰值”。

通常我们在分神的一刹那会错过一些信息，有些信息是“无用信息”，可以自动忽略，而有些信息却是“有效信息”，如果一不小心错过了，就会对我们产生极其重大的影响，这就是帕累托原则的一种表现形式。

帕累托法则的核心是约 20% 的部分产生重大的影响，是“关键因子”；约 80% 的部分产生的影响较小，是“次要因子”。

正是因为这产生重大影响的 20% 对我们十分关键，因此当处于专注力的“低谷”时碰到这 20% 的“关键因子”，就难免会犯下不可避免的错误。

肯定有人会问，既然如此，我们就没有办法避免犯错误吗？

事实上，人不可能一辈子不犯错，错误确实没有办法避免，因为人对事情的专注度是周期变化的，它并不会一直处于“巅峰”的位置。不过，虽然我们无法避免自己出现各种错误，却可以利用注意力周期曲线规律降低“出错率”。

当我们可以控制自己的时间完成任务时，可以根据小的专注周期“20分钟、50分钟、100分钟”来适当地调整自己的任务。

就拿帕累托法则来说，在专注力最强的20分钟，我们要做最具有挑战性的事情，它会对我们产生重要的影响，并且在这个时间段内“出错率”会降低，而在专注力并不是特别强的100分钟内，我们就可以尝试完成一些复杂度不高，相对简单的事情，或者也可以在这段时间里来放松自己。

但是，大部分时候，我们都不能随意控制自己的时间来做自己想做的事，那这个时候我们又应该如何处理呢?

首先，我们要让自己的“大脑”永远比自己的“动作”快一步。

这条行动定律会使我们避免不少潜在错误。“冲动是魔鬼”这句话指的就是没有经过大脑思考便行动，最后产生让自己追悔莫及的结果。其实，偶尔的刻意沉默可能会让事情朝好的方向发展。

我表哥的朋友夏先生有一次去幼儿园开家长会，恰好碰到他的儿子与一个小孩打闹，并且那个小孩还将他儿子推倒在地。夏先生是个急脾气，性格比较火爆，自然忍不了别人欺负自家小孩，于是他大步上前揪住那个小孩，将其严厉地训斥了一番，而恰好被那个小孩的家长看到了，那位家长也冲了出来，和夏先生争吵起来，最后两人大打出手。

结果自然是两败俱伤，一人断了胳膊，一人被打掉了牙齿。而事情的起因，不过是一场误会。两个小孩都想要去帮老师搬椅子，于是争先恐后地往办公室跑，在路上不小心打闹起来。

夏先生没有了解事情的经过就随意地训斥小孩，而那位家长连一句话也没有问就直接大骂起来，甚至还动了手，两个行动比大脑快的人联手导致了这场闹剧。

“这究竟是怎么回事？”经常就因为没有问这一句，而导致了一些无法挽回的后果，而原本这些错误都是可以避免的。只要在还不明真相的时候让自己先思考再行动，先弄清原因，再采取行动，结果往往就会朝好的方向发展。

其次，我们烦恼的不是错误本身，而是错误之后的善后工作。

我之前上班的公司，有一个非常开朗活泼的同事小宪，她在工作中勤勤恳恳，一直被上司当成模范员工夸奖。小宪也很争气，她在公司拿过大大小小不少的奖项，别人都把她当成“从不出错”的员工，但是有一天小宪却犯了一个错误，她在一次会议上说错了话。

其实，这个错误说小不小，说大也并不大，公司犯过这种错误的员工不少，但是小宪作为一个在工作上从来没有犯过错误的人，却一下子承受不了这个打击。从此以后她陷入了“犯错—自责愧疚—压力大紧张—再次犯错”的死胡同中，同事们发觉小宪再也不活泼了，却没有人敢上去询问她究竟发生了什么事，而小宪因为陷入这样的死循环且没人可以理解，变得越来越沉默，最后她整个人的状态都变得畏畏缩缩。

大部分人都知道犯错是很正常的，可是发生在自己身上时却很难接受，有些人非常容易陷入自己为自己设定的怪圈中，他们会不断反问自己："我怎么就能犯这么低级的错误呢？"

实际上，再精确的仪器也要定时检查维修，否则都会出大问题，何况是肉身凡人？我们要意识到，我们烦恼的并不是错误本身，而是犯错误之后的善后工作。

第一，将错误归结于自身的自责愧疚。

一些客观因素，如专注力的周期性衰减等，这些都是我们想躲避但是无法躲避的错误催化剂，正如深夜做出的决定大多都非常草率，第二天早上起来通常会被我们推翻一样，这些都属于"物理测量上的误差"。

而有一些人在犯错误之后，却不会这么想，他们将所有的一切都归结于自身问题，并没有认识到偶尔犯错误是对过度紧绷的身心的一种调节。这是一种合理的机体调节，就像是专注力的周期共振一样，因此有人说："人这种动物，每成功一次，智商就下降一截，每失败一次，智商就上升一截。"

我们要认识到犯错误是一个普遍规律，合理地总结自己的错误，智商就会上升一截，可以将其称之为“阅历”，这是与智商截然不同的存在。

第二，无法更改现有环境。

一个人在一块石头前跌倒，他就会本能地畏惧这块石头，俗话说的“一朝被蛇咬，十年怕井绳”就是这个道理。这种畏惧感就是犯错误之后遗留给人的后遗症。就以小宪为例，她在一次重大会议上说错了话，而之后在每一次的大型会议上，她都会没有来由地一阵心悸，再次上台时大脑也会控制不住地闪现出上次会议出现失误时的场景。

但是她没有办法更改现有的环境，也不能随时撂挑子走人，必须继续待在这个环境里，就像一些拥有社交恐惧症的人不得不与不喜欢的人打交道一样，这无疑会加重这个症状。

现在大多数人身上的压力都很沉重，不可能随心随意地来一场说走就走的旅行。既然无法改变，就只能适应现有的环境，最需要的便是自我鼓舞，或者找到自己最兴奋的点来刺激自己，再或者是找到自己害怕发生的事情，通过反复地重现场景让自己不再害怕。

第三，弥补错误需要耗费大量的精力与财力。

为了弥补犯过的错误，我们就不得不耗费大量的精力与财力，如果一个错误不需要任何形式来弥补，那我们还会害怕犯错吗?

肯定不会。但这是不可能的，正是因为错误需要耗费大量的精力与财力来弥补，我们才会“吃一堑长一智”，可是在弥补错误的过程中，我们的一些负面情绪又会使这一过程变得更加艰难，懊悔与愤怒会压制住大脑思考，过强的刺激会让专注力下降，从而使弥补错误这个过程再次出现大的问题。

第四，容许出错率，前提是尽力将客观条件调整到最佳水平。

专注力的周期性增加和衰减与人的办事效率有关，我们可以人为地控制专注力的周期，保证自己即使不能一直处在巅峰的位置，但也不一定会一直处于低谷。

俗话说“尽人事听天命”，这里的人事就是指个人的专注力、自控力等一系列主观因素，而天命就是指专注力、自控力无法避免的衰减理论等客观因素，如果没有将人事做到完美的地步，那么好运也鲜少会眷顾，就像墨菲定律所说的那样，你越担心什么事情，它越会发生。

总而言之，我们不要像畏惧洪水猛兽一样畏惧错误，“福祸相依”也是一种周期理论，错误并不可怕，可怕的是我们崩溃的情绪以及大量精力与财力的空耗。我们要学会控制自己的情绪，这样才能更好地面对所犯的错误并有效纠正它。

_2

注意力的周期曲线与周期共振

大家可能都会有这样的感觉，有时候不需要自己过多的意识控制，精力就比较旺盛，比如说大清早起来整理一份文件可能只需要一个小时，而有时候即使自己已经付出了强大的自控力，可专注力的提升却微乎其微，比如同一份文件，在下午或晚上处理却往往需要花费两个小时以上的时间。

在主观因素已经控制在一个比较平稳的水平时，那么我们就只能从客观因素上找寻原因，上面例子中效率差别这么大的原因其实与注意力的周期曲线与周期共振有关，接下来我们将一一对其进行加以介绍。

露西·乔·帕拉迪诺博士有着几十年的注意力研究生涯，她曾在自己所著的《注意力曲线：打败分心与焦虑》一书中提出了倒U

形注意力曲线的观点，如下图所示。

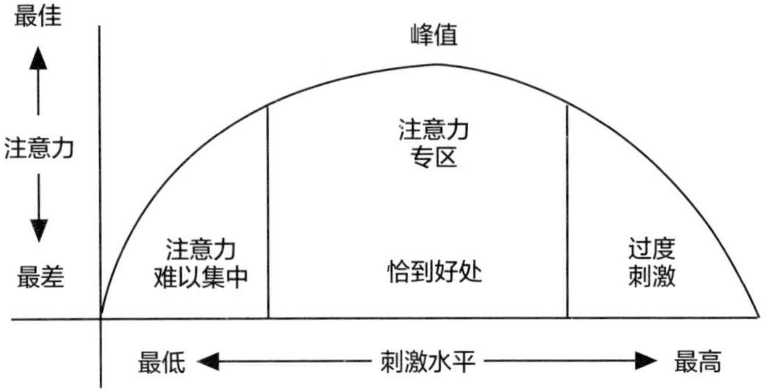

这条曲线定律最初是叶克斯博士和多德森博士在20世纪初提出来的，该定律指出，注意力会随着刺激水平的增加而增加，但是只能到达一个最高点，过了这个高峰之后，注意力就会不可避免地出现下滑，甚至在过度刺激之后直接降为0的水准。

那么如何利用这个定律来帮助我们的工作和生活呢？

最关键的是，我们要知道什么是刺激。心理学家认为刺激水平取决于自身感到无聊或者兴奋的程度。在这个过程中，机体的肾上腺素分泌有多有少，它的数量则取决于自身的刺激程度。

作为一个身心健康的普通人，在遇到刺激时，机体会出现一系列的自我调节，蓝斑—交感—肾上腺髓质系统（LSAM）属于应激时机体功能代谢改变，此时交感神经调节与体液调节是相辅相成的。

如果LSAM系统过度激活，我们会感觉到强大的压力与挥之不去的紧张情绪以及害怕愤怒等情绪，而没有适当地激活时，我们又可能会出现迷茫和空洞的感觉。只有 LSAM 系统正确激活，我们才能有更加理性的思维，行动才会更加敏捷，条理也会更加清晰。

微弱刺激意味着肾上腺素等体液调节以及应激系统的降低，这时候我们身体的行动力降低，反应能力减慢，注意力降低。

此时，若是想要将注意力提升到“0 点以上，峰值以下”的位置，我们就要增加自己的刺激强度，比如适当给自己点压力，合理使用奖惩制度，或者为自己设定一个最低限度等。

这里有两个概念，即选择性注意和持续性注意。

选择性注意的基础是快速认知。我们要迅速认识到相关的刺激源哪一个是最能激励自己的，这样我们才能快速思考如何选择刺激源，从而快速提高自己的注意力。

持续性注意是注意力强度与范围都在较高水平的注意类型，这时我们已经选择了合适的刺激源，自身正处于一种集中注意的状态中。在这个时间段内，我们的生产力与创造力饱满，克服障碍的能力极高。通常保持持续性注意一段时间后，我们可能就会离自己设定的目标越来越近。

过度刺激指的是机体分泌了大量的肾上腺素，以及蓝斑—交感—肾上腺髓质系统，下丘脑—垂体—肾上腺皮质激素系统过度激活，此时大脑和身体通常处于一种非理想的过激状态，注意力大概率无法集中。同时大脑和心脏高度活跃，甚至呼吸出现障碍，以至于到达一种紊乱的程度。

根据注意力周期理论，我们必须认识到以下两点：

① 自己已经失去了控制。

这里有个“认知过载”的概念，大脑虽是一个精密的系统，但是它也是由数亿个细胞组成的。因此它和我们所用的电子产品一样，在使用了过长时间或者承载了太多的信息而休息不充分后，它的反应速度和效率会大大减慢。

因此，我们最好适时停下来休整一番，用来弥补速度上的不足。一旦没有补给，我们会为此付出代价，因为认知超载的状态是一种过度兴奋的有害状态，长此以往，机体会受到严重损害。

② 我们需要选择一种方法来使自己恢复平衡。

在时间管理方面，正确评估自己的能力，为自己打分，或者采取四象限管理法，找到最重要的事情，或者是合理地管理自己的睡眠，学会如何“长睡”或者“小憩”，都是让机体恢复平衡的有效手段。

除此之外，我们还可以调整一下自己的生活习惯，比如说找到一项自己喜爱的运动，坚持劳逸结合法，选择合适的音乐来放松自己等。

这些方法都可以让我们恢复平衡，让我们不至于因为过度应激而导致注意力下降。

如前文图中注意力曲线的纵轴所示，注意力会激增，同时也会渐渐衰减。对此，有育儿专家曾给出过一个公式：

孩子专注学习的时间 = 生理年龄 +1

比如一个 7 岁的孩子，他专注学习的平均时间为 8 分钟，超出了这个时间，他的注意力就会周期性地衰减下去，当然这条公式不适用于老年人。

老人保持专注的时间 =80 – 生理年龄

随着年龄的增长，专注力会不可避免地下降，20 岁到 40 岁是人生的“黄金年代”，这个时期我们的“总专注力”就是处于人生的巅峰时期，那么我们再细分一下“分专注力”的周期。

周期的定义是一组事件或现象按相同的顺序重复出现，则把完成这一组事件或现象的时间或空间间隔叫作周期。

分专注力的周期共振也分为一天中的专注力周期，隔天的专注力周期、长时间的专注力周期。

首先，在一天的专注力周期中，上午大于下午大于晚上，一般起床后的 2 至 3 小时为黄金时间。

我们都知道“皇帝的早餐，大臣的午餐，乞丐的晚餐”这句话，这句话意味着早餐要丰盛，中午只要吃饱即可，晚上最好少吃一点。之所以早餐要丰盛，就是因为早餐时段是大脑最为活跃的时刻，也是人精力最充沛的时刻，如果那时没有得到良好的营养补充，就会出现一系列的身体问题，如血糖下降、注意力不集中等。

这种倒三角的饮食建议恰好与专注力的正三角模型相对应，我们的专注力就是早晨最盛，中午次之，晚上最差。

在体能训练中，健身专家科迪·莱弗尔曾经提出了GZCL金字塔训练方法，它将训练分到了三个不同的区域之内，分别是一主项、二副项、三辅助。即最高的位置训练强度最高，训练量最低，与之相反的是最低的位置训练强度最低，训练量最高。

同理，在专注力的应用上，也可以采取金字塔理论。在专注力最高的位置，推进难度最高的项目，而在专注力最低的位置，完成难度最低的项目。

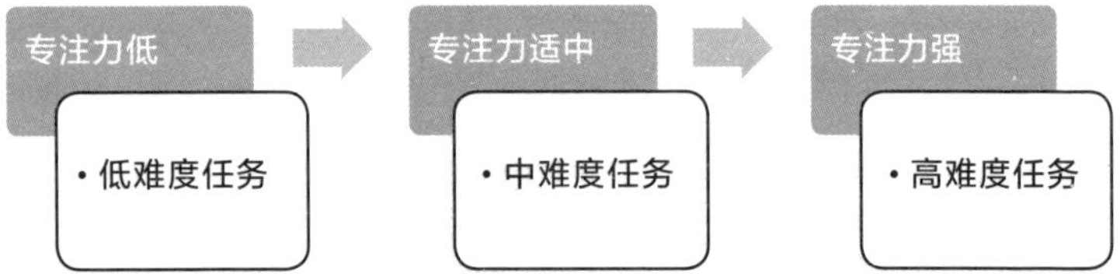

低难度任务可以用于打好基础，高难度任务则可以提高与创造生产力。随着专注力的提高，难度程度也应该进阶。

我们的工作效率与专注力的周期有关，它成正比例增长或减退，比如我们在早晨工作一个小时，它的生产力等于晚上工作三个小时。那么我们可以分析一下，如果完成一项高难度的任务，我们是应该放在早上还是放在晚上呢?

答案不言而喻，自然是放在早上才最有效率。

其次，隔天专注力的效率与前一天的睡眠与情绪遗留有关。

当我们醒来的第一眼，就可以知道前一天的睡眠状态如何。如果睡眠状态良好，我们可以直接投入到新的一天的工作和学习中去，但若是睡眠状态欠佳，那么大概率不会具有充足的行动力来支撑完成高难度的任务。

所以，睡眠是决定第二天专注力的关键，拥有良好的睡眠是进行新任务的前提。

除此之外，前一天遗留的积极情绪也是提高生产力的促进剂，负面情绪则是降低生产力的罪魁祸首。因此，控制好自己的情绪是重中之重。

我们需要远离极端情绪，避免缺陷思维的产生，这会极大地阻碍自身的发展，还要停止只关注消极情绪或者积极情绪，这会容易进入思维的死胡同，更要排除错误个人化和错误他人化，避免错领错误或者将错误推给别人，最重要的是，我们应该尽快找到情绪失控的源头之后合理地释放自己的压力，不将过多的负面情绪遗留到第二天。

最后，用 21 天养成一个习惯。

行为心理学中的研究指出，21 天可以养成和巩固一个新的习惯或者新的理念态度等，这被称为 21 天效应。因此，当想要养成一个习惯时，先坚持 21 天。如果真的坚持了下去，那么它就会形成一道坚固的习惯防线。

这 21 天可分为以下阶段。第一阶段在 1 至 7 天左右，此阶段人会非常不适应，显得非常的刻意不自然，需要时不时地提醒自己要坚持；第二阶段在 7 天至 21 天左右，此阶段人已经渐渐适应了这个节奏，但是还是需要用一定的意念控制。

在 21 天结束之后，还有长达两个月的无意识巩固时间，这阶段不需要意识的控制，只要顺着之前养成的习惯进行便可。

总之，巧妙地利用注意力的周期曲线和周期共振，我们就能够提高自己的工作与学习效率，最终养成一个可以终身受益的好习惯。

_3

养成合理的作息时间

小源是一位普通上班族。原本她每日的作息时间十分规律，在没有特殊情况时，基本上都会早睡早起，因此她每天的精神状态都十分饱满。但是最近几个月，公司频繁的人员变动给她带来了不小的压力，整天担心自己会因为绩效不佳而被公司辞退。因为整天都处于惶恐之中，精神状态也出现了问题，由最开始的偶尔失眠，逐渐发展成整晚睡不着，最后甚至即使吃了安眠药也还是不能很顺利地入睡。

即便在睡梦中她也会梦到一些特别可怕的场景，甚至还会出现幻觉，而在醒来后经常感觉四肢无力，身体无法动弹，以至于白天精神也会恍恍惚惚。

小源非常苦恼，她想回到之前早睡早起睡眠充足的状态，于是去咨询了医生。医生告诉她，她这是患上了“睡眠瘫痪症”。

睡眠瘫痪症是指人在睡觉时，会出现感觉意识清醒，但却难以呼吸，无法移动身体，同时伴有各种各样幻觉和幻听的情况，这种情况通常发生在睡眠与清醒交替的过程中间。

据调查研究显示，超过 50% 的人体验过睡眠瘫痪症，大约有 5% 的人有严重的睡眠瘫痪症。人们在压力过大或者异常焦虑时，容易在睡觉时出现睡眠瘫痪症。

当出现睡眠瘫痪症时，就应该重视自己的心理健康问题了，因为如果放任不管，随着严重程度的加深，心理状况就会越来越糟糕，有时甚至可以达到心理障碍的程度。

简单来说，心理障碍等异常心理问题与睡眠瘫痪症等睡眠障碍问题两者之间的关系是相互渗透的。当你睡眠状况不好时，心理容易出现异常，而当你心理健康出现问题时，睡眠质量也会受到影响。

因此，当出现严重的睡眠障碍状况时，要首先注意自己的心理健康问题！

引起睡眠状态不佳的心理原因有很多，其中有三种比较典型。

第一，抑郁焦虑。

近年来，调查统计的数据触目惊心，年轻人中经常出现抑郁情绪的人占 80% 以上，患有抑郁症的人也远大于人们的想象，这意味着很多的年轻人有异常心理状况，伴随产生的睡眠障碍情况也很严重。

当然，大部分人还没有到得抑郁症这样严重的地步，平时出现的低落状态大部分只是一种抑郁情绪，经过适当的调节，这种情绪也会较快消退，但是如果没有及时调整，这种情绪就会转化成病态，在这期间有几条典型的症状需要警惕：

①时常处于浑浑噩噩的状态。

表现为无法迅速思考，对一切都提不起任何兴趣。一般人做事情的时候都会带有一定的主动性，而这类人却与此相反，他们会处于一种被动状态，在无人督促时，他们就会不自觉地停下来。他们这样做并不是为了偷懒，而是真的无法调动起自己的积极性。

②有明显的情绪交替。

这种症状用一句耳熟能详的话来说就是“变脸比翻书还快”。通常这类人在上一秒还处在积极情绪之中，可以和他人愉快地交谈，可是下一秒却突然变得情绪低落，开始对人冷漠，这种情绪交替速度比正常人来得要快，也来得没有缘由，甚至连当事人也没有察觉到自己情绪的突然转变，或者在察觉到之后，反而又陷入更深层次的情绪变化之中。

③压力过大。

家庭、工作、学习、个人的自我觉醒等都是人压力的源头，一旦有压力，人就会时时感受到这种压迫感，就像是白天看过一部恐怖电影之后，在夜深人静的时候就会不受控制地回想起那些恐怖的画面。压力就如同电影里的恐怖情节一样一直在人的脑海里徘徊。特别是在睡觉前的这段时间，当我们躺在床上时，这些压力就会铺天盖地般涌来。只有在睡意压制住了压力之后，我们才能入睡。

但是大部分情况下，过多的回想会使大脑皮层始终处于兴奋状态，让人难以入睡，即使入睡了，机体也可能处在大脑清醒四肢麻木的状态，这样的睡眠质量无疑会影响第二天的精气神。

④ 生理出现紊乱。

这种症状就是皮肤状态变差，身体极易疲劳，甚至连上楼都会气喘吁吁一时半会儿缓不过来，生病的频率变高，反应的速度降低，同时伴随着记忆力下降，当遇到这些情况时，人们就要开始注意自己的心理状态了。

第二，严重的创伤。

在心理学上，创伤一般被定义为“超出一般常人经验的事件”，比如亲人的突然去世，自己遭受了亲密之人的背叛，遭受了情绪虐待或者暴力，或是遇到战争以及恐怖袭击事件等。这些突然发生、无法抵抗的事件，打破了机体原有的平衡，需要机体采取措施来摆脱它们，这就像是要拉回一辆脱轨的火车一样，要花费很大的力气。

但是，如果遭受创伤打击的强度远大于机体的调节能力，机体就会紊乱。而我们的心里会感到非常无助，甚至会封闭自己，让自己远离人群，厌世情绪也会越来越严重。

一般Ⅰ型心理创伤可以在较短的时间内愈合，愈合之后生活可以走向正轨；Ⅱ型心理创伤却是很难自然愈合的，它的形成时间较久，形成因素多种多样，症状也表现得多种多样，对身心的影响较为广泛。

这种Ⅱ型心理创伤是一种有组织的感觉行为，它表现为对现实生活的抗拒与逃避，比如对周围的一切失去了新鲜感与好奇心，这两种能力是我们加强与周围联系的前提，如果失去了这种能力，我们与世界的联系就会越来越淡薄。

更严重的是，这类人的感知和认知都会出现歪曲，比较明显的特点便是对人疑神疑鬼，例如，会经常认为有人跟踪自己或者想谋害自己等，而出现这样的情况与其受到的创伤有关，如果当初是因为受到亲人的虐待而导致心理创伤，以后自然对一切的亲密关系都会产生恐惧与回避。

最主要的是，这种心理创伤有扩散到其他精神范畴中的倾向，比如对其他事物连带的焦虑等。

医学上将Ⅱ型心理创伤分为几种，包括慢性创伤后应激障碍（CPTSD）、严重的应激障碍未定型（DESNOS）、躯体化障碍、适应力障碍等。

第三，劳逸结合不适当。

大家可能都遇到过这种情况，当我们在做完一天或者好几天繁重的工作之后，本来想美美地睡一觉，却发现翻来覆去再也睡不着了。还有一种情况，当我们睡了足足一天之后，接下来的几天都没有困意，而且伴随而来的不是清醒，而是心悸或者焦虑等状况。

睡少了或者睡多了这两者不均衡的睡眠状态都是劳逸结合不当所致，偶尔的劳逸不均衡对人只会有轻微的影响，但是长期的、持续的劳逸不均衡会造成极其恶劣的影响。试想一下，睡眠一直处于“饥一顿饱一顿”的状态，机体又怎能健康有效地工作？

_4

自控力与专注力的异同

我认识的项光是一家上市公司的技术骨干。他毕业于一所全国知名的院校，在校时成绩优异，德才兼备，有很好的学习习惯，工作后，这种良好的习惯也被他带到了工作中。他非常自律，每日都能完美地完成公司的任务，回家之后他还会继续钻研学习新的知识。

不仅他的很多同事以他为楷模，就连认识他的我的一些好友也以项光为学习目标。然而不久前我却从一位朋友口中得知，最近项光的内心异常煎熬。

起因是几个月前的一个周末，项光在锻炼身体时不小心摔断了手，这让他没有办法继续工作。上司体谅他，特意给他放了长假，让他在家好好休息。可项光即便在家养伤也没有忘记学习，甚至还为自己制订了一个完美的学习计划。

起初一两天他还能兴致勃勃地执行计划，可是由于身体不方便，加上家里不具备以前在学校和公司的学习氛围，他不可避免地松懈了，那些美食和游戏深深吸引着他，让他无法静下心来去执行学习计划。

不过，他并没有将这件事放在心上，因为他觉得等病假结束回到公司后，他的生活就能回归正轨。但事实上，等他回到公司之后，他的生活和工作状态明显都和休假之前不同了。虽然他表面上还是勤勤恳恳地工作，可是对工作却已是心不在焉了。

他发现自己的自控力与专注力同时出现了问题，无法长时间做同一件事，而且总是控制不住地被其他事情诱惑，更严重的是无法管理自己的情绪，连记忆力也下降了。

项光感到十分挫败，迫切地想恢复之前的专注力与自控力。

那么，究竟什么是自控力？什么又是专注力呢？

自控力是大脑的一种意识，用来控制自己不被诱惑。专注力也是大脑控制的一种能力，是感知、记忆、思维等认识活动的基本条件。

专注力差的人更容易向诱惑屈服，这代表着他们的自控力也是处于一种较低的水平，而自控力越差的人，注意力越容易被分散，甚至无法有效整理自己的思维，严重者说话也可能语无伦次。

自控力是有限的，当周围的诱惑增加时，自控力会越来越薄弱，而每拒绝一次诱惑，人们就会消耗掉自己的一分自控力。

根据注意力曲线可知，当我们在成功管理自己的自控力时，机体的副交感神经会发挥作用，使心率降低，刺激水平降低，以达到一种恰到好处的位置，此时人的专注力也会处在“巅峰”的位置。但是当我们无法成功管理自己的自控力时，我们的交感神经就会发挥作用，它会分泌一些物质使心率加快和心肌耗氧量增加，即刺激水平增高，到达一种过度刺激的水平，过于严重者甚至可导致心肌缺血而诱发心律失常，专注力会跌到“低谷”。

由此可知，自控力与专注力其实是两个相辅相成的系统，一方受到损害时，另一方也不会健康有效地运行，只有当两者都处于一种特别健康的状态下，大脑才能安全有效地运行。

这两者都是可以人为控制的，自控力与专注力归根结底还是一种意志力，它们与肌肉一样可以通过后天的锻炼形成和增强，当然它也需要一定的能量来供应，不然自控力与专注力系统大概率会产生疲惫。

这里的能量供应除了饮食上的营养支撑之外，还需要一系列的身体活动支撑，比如：充足的睡眠、坚持运动和有效的情绪管理。

这三点是身体对大脑有效支撑的前提。每日充足的睡眠会使大脑得到充足的休息，相当于为手机清除垃圾；坚持运动会提高新陈代谢水平，让神经系统的反应更加敏捷；除此之外，有效的情绪管理更是一切的重中之重，很少有人愿意和一个易怒暴躁的人有过多的沟通，而且负面情绪重的人也难以高效地行使自控力与专注力，这几点将在后面具体介绍。

我们继续回到项光的问题上来，项光发现自己陷入了“计划失败—沮丧懊悔—不知如何下手—继续硬着头皮工作—继续失败”的怪圈中，而他原本引以为傲的自控力与专注力渐渐地丧失，既然项光之前是那样优秀的一个人，那为何他现在想要回到正轨上就这么难呢?

这说明掌控自控力与专注力确实是非常难的事情，要是真的那么简单，那么成功的人也就不那么少了。另外，项光的自控力与专注度极有可能来自父母、老师从小帮他养成的习惯，他错误地将它当作了与生俱来的能力，从而在无法自控和无法专注时感到十分沮丧，认为是自己丧失了这些能力。

但是事实并非如此，项光认为专注力与自控力失去了，其实是习惯被破坏，正如退役的游泳健将不可能一蹴而就达到之前的水平，因为退役的运动员不可能保持之前大强度的训练习惯。他想恢复水平，就要根据之前的训练计划循序渐进地来安排训练。专注力与自控力也是如此，它需要一套完整的体系来支撑。

我们需要根据自身情况来构建一套属于自己的体系，大致情况如下：

认识缺陷（自控力不足，专注力不足）—人为控制—自我新的认知形成—不断强化—习惯形成—自控力增强，专注力增强

人为控制是其关键的一环，在意识到自己存在的缺陷之后，我们又该如何进行人为控制从而改正自己的缺陷呢?

首先，我们要进行时间管理。

时间管理的核心就是先了解有多少时间是可以自己掌控的，最好先正确评估自己的能力，知道时间在自己手上能够发挥几分价值。对于需要处理的任务中有重要紧急的任务、重要但不紧急的任务、紧急但不重要的任务、既不紧急也不重要的任务，可以采取“四象限管理法”，先以“I级事件”为中心。

除此之外，“列清单法”与“立刻做原则”都是两大基本的原则，前者可以让我们的生活更有条理，后者则可以让我们随时随地充满动力。

更重要的是，我们要学会拒绝，不能让无关紧要的事情挤占我们的时间。

其次，我们要了解自己的目标究竟是什么。

正如前文所说，目标分为“远大目标”与“当下目标”，我们可以先找到自己的远大目标，再通过“逆推法”来找到自己的当下目标，当两个目标都找到之后，我们就可以通过“立即做原则”来开始自己的第一步。

在找到目标之后，还可以采取“细分法”来细分目标的时间、地点、内容、方式，这样才能更加了解所执行的目标究竟是怎样的存在，它的难度如何？它的执行周期是多久？完成它我们会得到怎样的锻炼？

除此之外，我们还应该明白“多项任务”与“单项任务”之间的差别，我们究竟是应该在一段时间内只做一个计划还是执行多项计划？

这些都是排除专注力与自控力干扰因素的关键一环。

同时，一些不断被我们拿来当挡箭牌的借口大概率是阻碍我们养成习惯的罪魁祸首，我们要减少为自己找借口的频率，而且需要及时反馈，勇于为自己的错误买单。

最后，控制好自己的情绪。

在我们训练专注力与自控力的路上，遇到的最大的问题很有可能是自己的情绪问题，一些负面情绪会让大脑出现思维混乱，比如愤怒情绪，项光在工作上就经常没有来由地发脾气，这与他之前的彬彬有礼的形象有了很大的反差。

这似乎让人很难理解，不过是专注力的下降，怎么会连情绪都出现问题了呢？实际上情绪才是最先表现出来的负面物质，当我们拼尽全力也无法做成一件事情时，情绪就会有很大的波动。一些人可以控制住自己的情绪，整理之后再次出发，但是有一些人就直接掉入了情绪的泥坑中，怎么也爬不起来。如一些不受控制的愤怒会使周围人望而却步，而愤怒之后自己还有可能被懊悔给淹没，除此之外，在个人意志消沉时，我们还可能失去很多机会，这些都是消极情绪带给人的坏处。

情绪其实是我们内心的反应，而受大脑控制的专注力与自控力又会被我们内心影响，因此控制情绪十分重要，我们可以先执行几个步骤。

第一步，找到情绪失控的源头。

第二步，理性地划分情绪，哪些是极端的“缺陷思维”，哪些是负面情绪与积极情绪。

第三步，合理地释放自己的负面情绪，将压力从大脑清空。

自控力与专注力两者相辅相成，都是由大脑认知系统产生的，可以通过后天训练增强的能力。只要能控制住其中一项能力，另一项能力自然也是囊中之物，所以就先从掌控专注力开始，一步一步掌控我们自己的人生吧。

_5

提高记忆力的五大窍门

我的朋友关婷是一个记忆力特别差的人。她常会在出门时忘记带家里的钥匙，导致门锁换了一次又一次，不仅如此，她还总会记错和朋友约会的时间。每次见面她不是早到很久就是要别人等她很久。除了在生活中会出现这样的情况外，在工作中关婷也是如此。在一次重要的会议上，她因为记错了产品单价数据，导致公司遭受了损失，因此被辞退了。

在被辞退之后，关婷整日郁郁寡欢，认为自己就是“天生记忆力差的人”，别人说的话她总是记不住，这些靠她自己根本没有办法避免，她认为自己这辈子也不可能做一个记忆力超群的人了。

但是事实真的如此吗？一个人的记忆力真的没办法依靠后天努力提高吗？答案是否定的，有研究表明记忆是可以靠后天训练来增强的。

我们先来看一下记忆的基本过程。

记忆是人脑对经历过的事物识记、保持、再现和再认的过程，它是进行思维、想象、创造等高级心理活动的基础。刺激源通过感受器传递到感觉神经元，再通过突触末梢释放神经递质传递到运动神经元，最后传到人脑，如感觉信息的中转站丘脑，与学习、记忆和情绪有关的海马体以及小脑这些部位。

记忆与突触之间的联系强度与质量有关。记忆分为瞬时记忆、短时记忆与长时记忆。

瞬时记忆其实是人的感觉器官短暂停留的物质，实际上自己并没有感觉到物体已经被记忆，如上班路上看到的某辆车的颜色，我们对它并没有印象，但是它确实在我们的大脑中存在过一瞬。

短时记忆就是在很短的时间内大脑记住的内容，也就是瞬时记忆被注意后的进阶，如在几秒内记住的短信验证码，通常在很短的时间内这些记忆会迅速消失。

长时记忆就是大脑记住且轻易不会忘掉的记忆，如自己的名字、电话号码，以及住址等。

这三种记忆都与神经系统的突触有关，一般记忆力差的人神经系统都处在一种“亚健康”的状态，在身体上通常表现为经常性地头昏眼花、肢体疲惫、易困嗜睡等。显而易见，一旦神经系统无法高效地发挥它的作用，那么处于神经系统中的突触自然会受到牵连，而与突触有关的记忆力肯定也会受到不小的影响。

因此，记忆力训练最开始的一步便是保证神经系统的健康。

第一，要养成合理的饮食习惯。

营养饮食是维持机体正常活动的必备措施，不合理的饮食习惯会使大脑的结构与功能失调，使记忆力受损，因此养成合理的饮食习惯是维护大脑健康的重中之重。

不良的饮食习惯会导致人经常性失眠、焦躁不安，乃至整个人会充满悲观情绪。可见，不良的饮食习惯对我们的神经系统实在是不利的。

俗话说治标先治本，我们应该先从自己的心理解决问题，将异常的心理转化为正常的心理可能是解决一切问题的前提。

首先，应该摒弃以“骨感美”为首的病态审美。

真正的完美身材应该是在机体电解质平衡和躯体健康的基础上加强锻炼形成的。现在媒体上宣传的骨感美具有一定的误导性，应该以营养师的嘱托为准，千万不要过分节食，否则可能会引发神经性厌食症。

其次，意识到食欲是正常的生理反应。

有一种人，他们会在短期内吃很多食物，而吃东西时经常避开人群，但在公众场合中他们却又拼命克制。这些人从心底认为自己吃这么多是羞耻的，这种观念可能会一步一步加重自我厌弃，使心理异常程度加深。这个时候，大脑的自我控制系统可能已经崩溃，无法进行适当的调节。因此，当人们出现暴饮暴食倾向时，最好从家庭环境原因与社会原因上找问题，比如自己与朋友的关系变得恶劣，或是遭受了极大的挫折等，这些都应该是我们率先需要解决的问题。只有解决了这些深层原因，暴饮暴食问题才可能渐渐缓解。

最后，减少抽烟喝酒的频率。

长期吸烟和喝酒会严重损害大脑，使智力受到影响。因为抽烟所吐出的烟雾中含有大量的一氧化碳，它与人体的血红蛋白结合使其失去了携氧的能力，从而导致细胞功能受损、代谢紊乱，时间一长，大脑自然无法集中注意力，甚至还会出现头痛异常的反应。而且尼古丁是一种神经毒素，它会侵入人体的神经系统，会对大脑皮层造成损害。同样，酒精也会对大脑的神经系统造成严重影响，使脑干的平衡能力受损，海马体中的记忆能力减退以及细胞再生速度降低。

所以，少抽烟少喝酒是维护神经系统健康的有效措施之一。

第二，要养成合理的睡眠习惯。

调查研究显示，在睡眠时大脑会进行“自我清理排毒过程”，在这个过程中血液会周期性地流出，脑脊液就会趁机涌入大脑中，清理白天产生的毒素，比如可清理导致阿尔茨海默病的 β－淀粉样蛋白等。

因此，只有足够的睡眠才能保证大脑清理活动的正常进行，才能在睡醒之后神清气爽，而不是昏昏沉沉。

第三，要养成健康的运动习惯。

运动能够增强细胞的新陈代谢，促进大脑活力，前文关于运动的好处我们已经做过介绍，这里不再赘述。

在保证了神经系统的健康之后，我们就应该采取刻意练习的方式来提高记忆力，这里有五大窍门。

窍门 1：找出物体之间的逻辑联系与感性联系。

通常物体与物体之间都有着联系，有些是比较紧密的逻辑联系，如动植物的界门纲目科属种分类，语言的主谓宾，主任务下的分任务，等等。还有一些则是主观判定的感性联系，如视觉颜色形状、触觉、听觉，以及嗅觉等的感官联系，例如由洋甘菊护手霜想到母亲，由拐杖想到数字 7 等。

如果单纯地记忆一些文字与数字，或者是待办事项，我们很难保证不出错，可是在找到两者或多者之间的联系时，记忆会产生一种触类旁通的感觉，一些备受推崇的“图形记忆法”“达・芬奇记忆法”都是属于凭借事物联系记忆的记忆法。

所以，在我们面对需要记忆的事物时，最好先观察它们之间的联系，可以问自己“它们的颜色形状有何异同？”“它们带给我的感觉有什么不同？”等问题来发现最佳的记忆点。除此之外，当我们想要记忆一串东西时，可以采用多管齐下的方式，比如我今天需要去超市，可以在文字下画一个超市卡通图形，这种用文字说明图形或者用图形概括文字的方式，可以让大脑相互补充记忆，这样记忆才能更为深刻。

窍门 2：不断地巩固回忆。

回忆是记忆的巩固方式，在大量多次的人为回忆刺激下，形成记忆的神经突触连接才能更为紧密。除此之外，记忆还具有一定的周期性。比如根据前文的艾宾浩斯曲线来确定记忆的八个复习时间点：

第一个记忆周期：5 分钟

第二个记忆周期：30 分钟

第三个记忆周期：12 小时

第四个记忆周期：1 天

第五个记忆周期：2 天

第六个记忆周期：4 天

第七个记忆周期：7 天

第八个记忆周期：15 天

我们要想牢固地记忆，最好遵循这八个时间点复习，比如在初次接触到一个新鲜事物时，要想把瞬时记忆转化为长时记忆，我们可以选择在 5 分钟后再次回忆巩固，之后依次为 30 分钟直到 15 天，直到它成为长时记忆。

窍门 3：记忆前牢记“最后期限”，记忆中抛却“最后期限”。

我们都知道一定的紧张感会刺激机体分泌肾上腺素等来提高反应的敏感性，但是长期的刺激又会使机体的功能下降。在刻意记忆的过程中，比如在记忆一些为了考试或者工作考核而必须记住的东西时，在记忆前我们通常需要用最后期限来警告自己必须行动起来了，只有这样，我们才能迈出第一步。

但是在记忆的过程中，最好抛弃“我必须马上记住，不然就糟糕了”的概念，因为在记忆的过程中出现这种想法，大脑大概率会受到这些无用信息的干扰，从而无法专注地记忆。

放松自己的心态，在记忆过程中一旦出现了最后期限的念头时，最好及时地将自己的思绪拉回来，不能让紧张的情绪压制住自己，这样会适得其反。

窍门 4：经常利用记忆小游戏提高记忆能力。

在一档关于记忆力的节目里，有一位记忆力超群的人曾分享过一个记忆秘诀。他从小到大，在自己的上下学或者上下班的路途中都会刻意地锻炼自己的记忆力，比如记住来来往往的车牌号，记住路途中所有的建筑物，或者是将街边的广告牌倒着背下来，这种持续不断的练习使他后来的记忆速度比周围同龄人快很多。

在卡耐基《人性的弱点》中曾经提到过一个叫吉姆的人，他能够记住 5 万人的名字，这个从来没有上过初中的人，凭借着能记住每一个曾见过面的人的名字的能力，在政治生涯中顺风顺水，后来甚至被多个大学授予了荣誉学位，还出任过美国邮政部长等职务。对于我们普通人来说，可以从记住家人的电话号码、陌生人的名字开始，对自己的记忆能力进行训练。

窍门 5：好记性不如烂笔头，通过“烂笔头”加强记忆能力。

单纯的大脑记忆还是具有一定局限性，即使它能够记住 99% 的东西，但是若是 1% 才是最重要的，那么对生活也会是致命打击，比如药品的名称比较易混淆，此时就应该通过“烂笔头”来帮我们记住药名，而不应该心存侥幸。

爱默生曾这样忠告我们：“一个人良好生活习惯的养成，都是由生活中一个个琐碎的细节组成的。”我们要想培养优秀的记忆能力，最好从保障神经系统的健康开始，再通过记忆的窍门来刻意训练自己，这样才能提高自己的记忆能力。

精力管理
硬核指南

● 人不可能一辈子不犯错，错误确实没有办法避免，因为人对事情的专注度是周期变化的，它并不会一直处于“巅峰”的位置。不过，虽然我们无法避免自己出现各种错误，却可以利用注意力周期曲线规律降低“出错率”。

…

● 在专注力的应用上，也可以采取金字塔理论。在专注力最高的位置，推进难度最高的项目，而在专注力最低的位置，完成难度最低的项目。

…

● 当想要养成一个习惯时，先坚持 21 天。如果真的坚持下去，那么它就会形成一道坚固的习惯防线。

…

● 自控力与专注力其实是两个相辅相成的系统，一方受到损害时，另一方也不会健康有效地运行，只有当两者都处于一种特别健康的状态下，大脑才能安全有效地运行。

…

● 要想培养优秀的记忆能力，最好从保障神经系统的健康开始，再通过记忆的窍门来刻意训练自己，这样才能提高自己的记忆能力。

精力管理 硬核笔记

ONE

1.
2.
3.

TWO

1.
2.
3.

THREE

1.
2.
3.

FOUR

1.
2.
3.

FIVE

1.
2.
3.

图书在版编目（CIP）数据

精力管理 / 李梦媛著. -- 北京：新世界出版社，
2021. 2
ISBN 978-7-5104-7183-4

Ⅰ. ①精… Ⅱ. ①李… Ⅲ. ①成功心理—通俗读物
Ⅳ. ① B848.4-49

中国版本图书馆 CIP 数据核字（2020）第 227224 号

精力管理

作　　者：李梦媛
责任编辑：周　帆
责任校对：宣　慧
责任印制：王宝根
出版发行：新世界出版社
社　　址：北京西城区百万庄大街 24 号（100037）
发 行 部：（010）6899 5968　（010）6899 8705（传真）
总 编 室：（010）6899 5424　（010）6899 6679（传真）
http://www.nwp.cn　http://www.nwp.com.cn
印　　刷：吉林省吉广国际广告股份有限公司
开　　本：880mm × 1230mm　1/32
字　　数：220 千字　　印　张：8
版　　次：2021 年 2 月第 1 版　2021 年 2 月第 1 次印刷
书　　号：ISBN 978-7-5104-7183-4
定　　价：45.00 元